读·品·悟快乐阅读系列

◎丛书主编：向启新

诚信卷

走过心灵的脚步没有声音

◎本书主编：刘竹君

花山文艺出版社

河北·石家庄

图书在版编目（ＣＩＰ）数据

走过心灵的脚步没有声音 ：诚信卷 / 向启新主编
石家庄 ：花山文艺出版社，2004（2024.6 重印）
（"读品悟"快乐阅读系列）
ISBN 978-7-80673-557-2

Ⅰ．①走… Ⅱ．①向… Ⅲ．①散文－作品集－中国－
当代 Ⅳ．①I267

中国版本图书馆CIP数据核字(2004)第111954号

丛 书 名：　"读品悟"快乐阅读系列
丛书主编：向启新
书　　　名：**走过心灵的脚步没有声音：诚信卷**
　　　　　　ZOU GUO XINLING DE JIAOBU MEIYOU SHENGYIN: CHENGXIN JUAN

本书主编：刘竹君

策　　划：张采鑫
责任编辑：王　磊
特约编辑：李文生
装帧设计：北京九洲鼎图书有限公司
美术编辑：王爱芹
出版发行：花山文艺出版社（邮政编码：050061）
　　　　　（河北省石家庄市友谊北大街330号）
销售热线：0311-88643299/96/17
印　　刷：三河市中晟雅豪印务有限公司
经　　销：新华书店
开　　本：710mm×1000mm　1/16
印　　张：10
字　　数：180千字
版　　次：2004年12月第1版
　　　　　2024年6月第5次印刷
书　　号：ISBN 978-7-80673-557-2
定　　价：49.80元

诚信卷

学海点悟

　　人生，漫漫长路远，纷繁诱惑多。一旦受到金钱美女的诱惑，你能不出卖朋友或公司的利益吗？一旦银行将钱借给了你，能收得回去吗？一旦签了合同，你会不折不扣地履行吗？……在人生一个又一个的十字路口，你将会选择什么？选择诚信！因为你不可以失去别人对你的基本信任。"人，以诚为本，以信为天。"只有诚信的人生才是光明的人生。诚信，能给人生打底润色，让人生高大起来，丰满起来，它给生命灌注醉人的色泽与丰富内蕴，让生命在天地中盈润注目，善始善终。诚信是培植人生靓丽风景的种子，你一直耕耘就会一直美丽，你将诚信的种子撒满大地，你的人生将会美丽到天长地久。

　　诚信卷包括"人性的魅力""花开花落""保持生命的本色""活出一份精彩"四篇，它们将会就诚信这一话题带给你关于人生的思考。

　　当你走进"人性的魅力"篇时，你会感受到一颗颗高贵的心灵，一个个闪烁着人性光辉的灵魂。梁晓声的《老妪》将告诉你人心的尊贵，也会让你对"老妪"肃然起敬。《对手》讲述了两个"商战"中的对手豁达开阔的胸怀。《玫瑰与爱情无关》更展示了人与人之间最宝贵、最真挚的情感。《美好的声誉》阐述的是人的声誉是多么重要……这些虽然只是生活中的点滴，但这些点滴也足以让我们知道应该以怎样的态度对待人生。

哲人说："事物都是一分为二的。""花开花落"篇告诉我们生活中不光只有阳光和美丽，也会有阴影和丑恶。面对人情百态心中必是别有一种滋味。《地球阴影："人是不可靠的"》对社会的观察极其敏锐，善于捕捉问题的本质，说理透彻，论述有理有据，给人以深刻的教益。《荷包蛋》是一个涉及家庭生活，富有人生哲理的故事：儿子总想吃面条中的荷包蛋，而父亲一次又一次地使希望落空，最后，当儿子做了一次"绅士"之后，终于如愿以偿地吃到了荷包蛋。它告诉我们，一心想占便宜，不仅占不到便宜，反而要吃亏；待人真诚，不怕吃亏，将会得到生活的回报。

人从呱呱坠地到长大成人，一直都在忙忙碌碌，忙学习，忙工作，忙生活琐事，很少有人细细地思考过生命的本色是什么。"保持生命的本色"篇会为我们做出满意的回答。《心中栽棵苹果树》阐述了人的一生中有许多美好的梦想和愿望，这些愿望不一定是神圣的、伟大的，但却能鼓舞我们坚忍不拔、脚踏实地地朝着心中的目标去努力、去拼搏。《生命本来没有名字》一文中的乡村女孩点拨了"我"，感动了"我"，"我"感受到生命的本来意义，生命中最纯朴的快乐。《梯子》通过一件普通、简单的事向人们提出了一个很复杂的社会问题：我们的社会到底应建立怎样的一种人际关系？怎样来构建我们的精神领域？

"活出一份精彩"篇向我们展示了生活是美好的，生命是可爱的，我们应该好好地生活，充分品味生活的美好，感受生活的美好，创造更美好的人生。读《熟悉的地方没有景色》，你会为作者"漫漫人生之路，自然的风光没有穷尽，人类的事业没有顶点"所振奋。《我要笑遍世界》把笑当作生活的重要需要，看作人生成功的重要条件。《放松的境界》对休闲持有独特的见解：只有真正累过的人，才最懂得放松和休闲。

在人生风浪的洗礼中，只要懂得了用怎样的态度对待生活，你就能用最热烈的情感去拥抱生活！

目 录

一、人性的魅力

走过心灵的脚步没有声音

作文链接

二、花开花落

作文链接

三、保持生命的本色

作文链接

四、活出一份精彩

作文链接

一点点人与人之间的善意

人

性的魅力

诚
信
卷

竟会绽放出如此美丽的生命之花

　　心灵的丰富与高贵，并不一定与经济的发展、科技的进步、制度的更替同步。没有人不渴望爱和温暖，没有人不珍视信任和关怀。那么，让我们每个人首先从自己开始：让岩石一样的脸庞绽开迷人的微笑，让青铜般的胸膛上生长出金黄的向日葵，让高墙倒下，让门户敞开，让肌肤与肌肤之间亲吻，让心灵与心灵之间撞击。

老妪 / ··· 梁晓声

那个老妪是一个卖茶蛋的老妪。在 12 月的一个冷天,在北京龙庆峡附近。儿子须作一篇"游记",我带他到那儿"体验生活"。

卖茶蛋的皆乡村女孩儿和年轻妇女。就那么一个老妪,跻身她们中间,并不起劲儿地招徕。偶尔发一声叫声,嗓音是沙哑的。所以她的生意就冷清。茶蛋都是蛋煮的。老妪锅里的蛋未见得比别人锅里的小。我不太能明白男人们为什么连买茶蛋都要物色女主人。

老妪似乎自甘冷清,低着头,拨弄煮锅里的蛋。时时抬头,目光睃向眼前行人,仿佛也只不过因为不能总低着头。目光里绝无半点儿乞意。

我出于一时的不平,一时的体恤,一时的怜悯,向她买了几个茶蛋。活在好人边上的人,大抵内心会发生这种一时的小善良,并且总克制不了这一种自我表现的冲动。表现了,自信自己仍立足在好人边上,便获得一种自慰。

老妪应找我两毛钱。我则扯着儿子转身便走,佯装没有算清小账。

儿子边走边说:"爸,她少找咱们两毛钱。"

我说:"知道。但是咱们不要了。大冷的天她卖一只茶蛋挣不了几个钱,怪不易的……"

于是我向儿子讲,什么叫同情心,人为什么应有同情心,以及同情心是怎样一种美德,等等……

两个多小时后,我和儿子从公园出来,被人叫住——竟是那老妪。袖着手。缩着瘦颈。身子冷得佝偻着。

"这个人,"她说,"你刚才买我的茶蛋,我还没找你钱,一转眼,你不见了……"

老妪一只手从袖筒里抽出,干枯的一只老手,递给我两毛钱,皱巴巴的两毛钱……

儿子仰脸看我。

我不得不接了钱。我不知自己当时对她说了句什么……

走过心灵的脚步没有声音

而公园的守门人对我说:"人家老太太,为了你这两毛钱,站我旁边等了那么半天!"我和儿子又经过卖茶蛋的摊行时,见一老叟,守着她那煮锅,如老妪一样,低着头,摆弄煮锅里的蛋。偶尔发一声叫卖,嗓音同样是沙哑的。目光偶向眼前行人一睃,也不过是任意的一睃,绝无半点乞意。比别人,生意依旧冷清……

人心的尊贵,一旦近乎本能的,我们也就只有为之肃然了。我觉得我的类同施舍的行径,在于那老妪,实在是很猥琐的……

与你共品
yu ni gong pin

　　本文作者运用对比的手法,写"我"和老妪,生活中强者和弱者的比较,"我"出于怜悯、同情买老妪的茶蛋,并故意不要她找零钱,但老妪却守在公园门口老半天找"我"钱。通过一系列的对比,表现了"我"的猥琐、老妪的尊贵心灵。文章语言朴实,描写细致,感情细腻,真实感人。

个性独悟
ge xing du wu

　　★作者为什么要买茶蛋?

　　★本文是以什么为线索展开的?

　　★给文中结尾"尊贵"一词找一个反义词,作者为什么说老妪的心是尊贵的?

　　★文中对老妪和老叟的描写主要运用了什么描写手法?可以试用一下吗?

　　★结尾有什么含义?

　　★本文给我们什么启示?

对 手/ ···[美] 弗·奥斯勒

人性的魅力

　　《山上宝训》的作者,著名的福克斯博士给我讲了个故事:有个名叫西拉斯的人,面临意想不到的危机,进退维谷,差点敲了全家人的饭碗。

　　此人在一个小镇上开着爿杂货铺。这铺子是他爸爸传下的。他爸爸又是从他爷爷手里接过的。他爷爷开张这铺子的时候,南北两边正在打仗。

　　西拉斯买卖公道,信誉很好。他的铺子对镇上的人来说,就像手足,不可缺少! 西拉斯的儿子在长大,小铺子就要有接班人了。

　　可是有一天,一个外乡人笑嘻嘻来拜访西拉斯,情况便变得严重了!

　　此人说,他想买下这铺子,请西拉斯自己作价。

　　西拉斯怎舍得?即使出双倍价他也不能卖!这铺子不光是个铺子呀!它是事业,是遗产,是信誉!

　　外乡人耸耸肩,笑嘻嘻说:

　　"抱歉。我已选定街对面那幢空房子,粉刷一番,弄个富丽堂皇;再趸些上好货品,卖得便宜。那时你就没生意了!"

　　西拉斯眼见对面空房贴出了翻新告白,一些木匠在里面锯呀刨呀,又一些漆匠爬上爬下,他的心都碎了!他无可奈何却又不无骄傲地在自家店门贴了张告白:敝号系老店,九十五年前开张。

　　对面也换了一张告白:敝号系新店,下礼拜开张。

　　人们对比读了,无不吃吃暗笑。

　　新店开张前一天,西拉斯坐在他那阴暗的店堂里想心事。他真想破口把对手臭骂一顿。

　　幸亏西拉斯有个好妻子。

"西拉斯,"她低低的声音缓缓地说,"你巴不得把对面那房子放火烧了,是不是?"

"是巴不得!"西拉斯简直在咬牙切齿,"烧了有什么不好?"

"烧也没用,人家保险过。再说,这样想也缺德。"

"那你说我该怎么想?"西拉斯冒着火。

"你该去祝愿。"

"祝愿天火来烧?"

"你总常说自己是个厚道人,西拉斯,可一碰到切身事就糊涂了。你该怎么做不很清楚吗!你应该祝愿新店开张,祝愿它成功。"

"你这是脑筋出了窍吧,贝蒂?"

话虽这么说,西拉斯总也不能依旧故我。

第二天早晨新店还没开门,全镇人已等在外边。大家看着正门上赫然写着"New Emporium—新新百货店"几个金字,都想进去一睹为快。西拉斯也在人堆里。他快快活活,跨到台阶上大声说:

"外乡老弟,恭喜开业,祝你给全镇人添方便!"

他刚说完便吃了一惊,因为全镇人都围上来朝他欢呼,还把他举起来。大家跟他进店参观,谁都关心那标价,谁都觉得很公道。那外乡老板笑嘻嘻牵着西拉斯的手,两个生意人像是老朋友。

后来,两家生意越做越兴隆,因为小镇一年年变大了——像老西拉斯的年纪。

与你共品
yu ni gong pin

这是一个读来让人觉得非常熟悉的故事,就像自己也曾有过,但揭示的意义却非常深刻。人有许多优点,但也有许多缺点,保守、自私,有时甚至有犯罪意识。如果任其发展,后果将不堪设想,但若克服这些缺点,以豁达的态度对待人生,人生将无限美好。

★主人公西拉斯遇到了什么难题？

★在这场矛盾冲突中西拉斯妻子表现了怎样的性格特征？

★西拉斯受到全镇人的拥戴，这件事说明了什么？

★现在的社会，每天都可能面临新的竞争的冲击，遇到这种情况你该怎么办？

亮出自己的底牌 / ···蒋利建

有位作家讲过这样一个故事。

由于遗弃或收缴来的自行车无人认领，警察决定将它们拍卖。

第一辆自行车开始竞投了，站在最前面的，一位大约10岁的小男孩说："5块钱。"叫价持续了下去，拍卖员回头看了一下前面的那位男孩，他没还价。跟着几架也出售了，那小男孩每次总是出价5元，从不多加。不过5块钱实在太少了，因为每架自行车最后的成交价几乎都是三四十元。

渐渐地，人们都感到奇怪。暂停休息时，拍卖员问男孩为什么不再加价，小男孩告诉他："我只有5块钱。"

拍卖快结束了，现场只剩下最后一辆非常漂亮的单车，拍卖员问："有谁出价吗？"

这时，站在最前面，几乎已失去希望的小男孩轻声又说了一遍："5块钱。"

拍卖员停止了唱价，观众也静坐着，没有人举手，也没有人出第二个价。最后，小男孩拿出握在手中，已被汗水浸得皱巴巴的5元钱，买走了那辆全场最漂亮的自行车。

走过心灵的脚步没有声音

现场的观众纷纷鼓掌。如果在现场，相信我会被感染而为那个小孩鼓掌的。因为，在生活中，像他那样毫不保留地亮出自己的底牌的人实在不多，像他那样坦坦荡荡地去竞争的人实在太少。

这个故事告诉我们：除了欺诈和厮杀，我们其实还有许多方法去达到目标，完成梦想，比如诚实和执着。

与你共品
yu ni gong pin

本文讲述了一个生活中小小的而又新奇的故事：在竞争激烈的拍卖场，一位小男孩用他仅有的5块钱买走了全场最漂亮的自行车。然而作者并不限于讲这个故事，而是由这个故事生发开去，拓展到社会生活中的竞争。故事告诉人们，毫无保留地亮出自己的底牌，坦荡地、真诚地、执着地竞争，也能达到目标，完成梦想。

本文由记叙和议论两部分构成，二者相辅相成，水乳交融。叙奠定议的基础，议拓展叙的内涵。由于议，故事便有了不同凡响的意义，作者由故事感悟到的生活哲理，耐人寻味。

个性独悟
ge xing du wu

★文题"亮出自己的底牌"，对小男孩来说，这个底牌是什么？从作者对生活的感悟来看，又是指什么？

★现场观众纷纷鼓掌，作者表示他也要鼓掌，这是什么原因？从中表现了小男孩的什么个性特征？

快乐阅读
kuai le yue du

玫瑰与爱情无关／···叶倾城

人性的魅力

一生中第一朵玫瑰，与爱情无关。

那是2月的一天，季节就在春与冬之间徘徊，拥挤不堪的公共汽车里，我好不容易抢到一个座位，我的身边，站着一个男孩，抱着一束红玫瑰。

他把花束高高地举起，在挨挨挤挤的人群间，力求容身之地。车开得跌跌撞撞，他便一直在摇摇晃晃，有人推他一把，有人瞪他一眼，他就不断地向人道：

"对不起。"

看他的年纪应该是学生，他为什么不搭出租呢？莫非这一束花已经用去了他全部的积蓄？全部的，一点一滴积蓄起来的梦想。

窗外，流过灰蒙蒙的街景，有冷风一阵一阵，从破了的车窗里刮进来。车厢里，全是脸色冷漠、急匆匆上班上学的人。这样的天气这样的城市，实在不是一束玫瑰的安身之处，而那束玫瑰偏偏那么红。

玫瑰灼灼的颜色，映红了男孩稚气的脸，他的神色是焦急的，而当他抬头看看手中的花束，柔情像流水一般掠过他的脸。他想到了什么？

是那个正在等待的女孩吗？女孩有没有玫瑰色的面颊，接过玫瑰的时候，又会有怎样闪亮的眼睛？她是不是也像年少时的我，用整个青春来等待爱情？

车陡地一停，男孩一个趔趄，花束撞在铁栏杆上，每一朵花簌簌急摇，他来不及站稳就慌乱地验看，发现它们安然无恙，松一口气。他脸上种种温柔牵痛的神气，让我心中一动，我说："你把花给我，我帮你拿吧。"

他吃一惊，转头来看我，犹豫了一下，终于把花束交给我。

我双手环抱着玫瑰，尽量地小心翼翼。男孩身体可以站直了，却还是紧张，用背抵挡着整个车厢的压力，目不转睛地盯着花束，身体微微张开，仿佛随时准备扑上来护持。我向他笑笑，示意让他放松，他脸一红，很腼腆的样子。

捧着一束玫瑰，忽然有一种奇异的感觉，好像它们是送给我的。我不由得想起许多往事，轻轻叹口气，男孩看我一眼，仿佛全明白。

我们仍是两个陌生人，没有前因也没有后果，只有这一刻的默契，却仿佛已经足够了，我们自然而然地组成一个整体，共同守护着一个完整的初恋故事。

我到站了，站起身，把花束和座位一起给他，欲走，他突然说："等一等。"我转身，一朵红玫瑰，递到我手中。我不由得呆住了："给我？"

他的笑容是羞怯的又是真挚的："今天是情人节，祝你情人节快乐。"

忽然之间，世界变了，我们不再是陌生人，而这样的天气这样的城市变得非常非常之适合这一朵玫瑰。

一路上，握着这一朵花，好像全世界的爱与关怀都在我手中，我快乐得像要飞起来。

春天，在这一瞬间落地生根。

一点点人与人之间的善意，有如花籽，在心田上播撒，竟会绽放出如此美丽恍如生命的花，谁说这世上没有点石成金的奇迹？

与爱情无关的第一朵玫瑰，却是我一生中最美好的情人节玫瑰。

与你共品

yu ni gong pin

　　情人节送玫瑰，是一件温馨浪漫的事情，因为玫瑰与爱情有着不解之缘。本文却写了一段与爱情无关的赠送玫瑰的故事，读来令人觉得不同凡响。人与人之间最可宝贵的是真情，只要是真挚的，哪怕只是一点点，也足以使人感到温馨。

个性独悟
ge xing du wu

★文章题目说"玫瑰与爱情无关",可为什么作者还用如此多的笔墨来讴歌?

★"我"猜测那个男孩不搭出租车的原因是"这一束花已经用去了他全部的积蓄",继而作者为什么强调"全部的","一点一滴积蓄起来的梦想"?

★当"我"接过男孩赠送的玫瑰时,为什么会觉得"这样的天气这样的城市变得非常非常之适合这一朵玫瑰""春天,在这一瞬间落地生根"?

快乐阅读
kuai le yue du

感　谢 / · · ·　[美] 霍丝·安德鲁思

孩子大了的一个好处就是你不用再劳神费力地替他们写感谢信了。当我的三个孩子都还小的时候,我得口述信的内容,然后指导他们加上一些自制的图画,可是当爱莲娜、萨拉和德鲁能够自己写时,还是需要我多次催促。

"你写信对格兰迪送给你书表示感谢了吗?""多萝西姑妈送你一件毛衣,你回信了吗?"我会问。可通常得到的回答不是咕哝两句就是耸耸肩。

这一年,刚过了圣诞节,我厌倦了再催促他们,孩子们也早已对我的话充耳不闻了。于是我宣布如果不写好感谢信就不能穿新衣服,玩新玩具,但还是迟迟不见他们行动。

突然,我有了主意:"大家都上车!"

"去哪儿?"萨拉迷惑不解地问。

"去买圣诞礼物。"

"可现在已经过了圣诞节了。"她抗议说。

"别犟嘴。"我严肃地说。

孩子们鱼贯而入。"我想让你们看看那些关心你们的人为你们买一件礼物要花多少时间。"

我递给德鲁一张纸,一支铅笔:"记下现在我们离开家的时间。"当我们到镇上时,德鲁记下了到达的时间。孩子们帮我挑选了一些礼物,然后我们开车回到家里。

孩子们下了车,马上朝雪橇跑去。"别急,"我说,"我们还得把礼物包装一下。""德鲁,"我又说,"记下我们到家的时间了吗?"他点点头:"好,下面记下包装礼物的时间。"

我煮着咖啡,孩子们在包装礼物,终于,最后一根丝带系好了。"这一切共用了多长时间?"我问德鲁。他看看纸条:"开车到镇上用了 28 分钟,买礼物的时间是 15 分钟,回家时因为加油用了 38 分钟。"

"包装用了多长时间?"爱莲娜问。

"包好一件礼物大约是两分钟。"

"那么,把这些礼物寄出去要花多长时间?"我又问。

"开车去邮局一个来回要用 56 分钟,"德鲁算了一下说,"这还不算给车加油的时间。"

"可你忘了算排队等候的时间。"萨拉说。

"好吧,"德鲁说,"再加上 15 分钟邮寄的时间。"

"那么,我们要送给别人一件礼物,总共需要花费多少时间?"

德鲁很快就算出来了:2 小时 35 分钟。

我在每个孩子的面前放上信纸、信封和铅笔:"现在写你们的感谢信,并且要表明你们收到礼物是多么快乐。"

孩子们埋下头去,只听到写字声。"好了。"爱莲娜说着,把信装进了信封。

"我也好了。"萨拉说。

"写信花了 3 分钟。"德鲁边封信边说。

"比起别人花费两个半小时送给你们的礼物,用 3 分钟时间写封感谢信是不是太长了?"我问。孩子们都低下头去。

"现在你们应该养成良好的习惯,生活中的许多时候都要对别人表示感谢。"

"你小的时候是不是也经常写感谢信?"德鲁问。

"一点儿不错。"我肯定地说。

"你写些什么?"他问。

"那是很久以前的事了。"我说。

…………

阿瑟爷爷是我曾祖父最小的儿子。原来我从未见过他,可是每年的圣诞节他都要送我一件礼物。他住在马萨诸塞州的塞勒姆市,双目已失明了。他的侄女和他住在一起,每年帮他填写许多5美元的支票,寄给他众多的侄孙子、侄孙女们。我总是回信表示感谢,并且告诉他我把钱花在什么地方了。

后来我到马萨诸塞州上大学,这样我就有了机会去看他。我们谈话时,他告诉我他收到我的信总是很高兴。

"您还记得那些信?"

"当然了,"他说,"我收藏了一些最喜欢的,"他指指说,"你能不能把最上面的那个抽屉里的那些用丝带系着的信拿出来。"

我拿出一封信念给他听。

"亲爱的阿瑟爷爷,我正在一家美发厅里给您写信,今天晚上学校里有一个假日舞会。我用你寄来的钱做了头发,因为您送给我这份礼物,我想我会度过一个非常愉快的晚上。爱您的霏丝。"

"那天你过得愉快吗?"

我想起了许多年前的那个晚上。"当然。"我笑着说,希望他能看到我脸上幸福的微笑。

……

萨拉拽了拽我的衣袖,把我从回忆中拉回了现实。"妈妈,你在笑什么?"她问。

我告诉孩子们关于阿瑟爷爷的礼物以及我如何给他写信。我很高兴每年都给他写感谢信,因为这显然对他意义非同一般。

"舞会那天你漂亮吗?"萨拉问。

"我想是的。"

"你的舞伴是谁?你穿什么衣服?"爱莲娜问。

"我有一张那天晚上的照片。"我从书架上抽出一本相册,翻到一张照片前停了下来,照片上我穿着一件黑天鹅绒的晚礼服,挽着法国式的头发;我的旁边是一个英俊的小伙子,他正微笑着递给我一枚胸针。

"是爸爸!"爱莲娜惊讶地说。

我笑着点点头，抚摸着照片旁边夹着的早已干枯了的栀子花瓣。

这个圣诞节是我和鲍布结婚三十六周年纪念日。谢谢你，阿瑟爷爷。

与你共品
yu ni gong pin

　　这是一篇清新亲切、风格独特的小文章。从文章的技法来说可是明明白白，从文章的思想内容来说，没有说教的意味，却有着如何对待别人、如何做人的道理蕴含其中。作者没有更多的说教，而别出心裁地领着孩子们"去买圣诞礼物"，精确地计算出别人为了给你寄一份圣诞礼物需耗去多少时间，而回一封感谢信需要多少时间，两相比较，使孩子得以信服。这种教育孩子要尊重别人的劳动、尊重别人的情感的方式方法非常得体、合适。文章至此，"感谢"的内容似乎已讲完了，作者又回忆了自己与阿瑟爷爷间送圣诞礼物、回感谢信的如烟往事，这种感谢既是一种礼节，也是一种情分，既是一种受人滴水之恩的心存感谢，也是一种对送礼物者的尊重。虽然还不能够说这5美元的礼物送出了一段美好姻缘，但这美好姻缘与这5美元却紧紧联系在一起了。《感谢》一文可能说是借收到礼物表示感谢的一"斑"，欲说明做人做事、对待他人帮助该怎样回报的道理，愿同学们从"写感谢信"做起，真诚地对待曾经帮助、关爱你的每一个人。

个性独悟
ge xing du wu

　　★ "孩子大了的一个好处就是你不用再劳神费力地替他们写感谢信了"，文中哪些方面说明了"劳神费力"？

　　★ "多次催促"孩子们写感谢信，其实质说明了什么问题？文中哪些文字能够说明"我"催促的"厌倦"？

★作者赋予圣诞礼物以极特殊的意义，这种极特殊的意义体现在哪儿？

快乐阅读
kuai le yue du

美好的声誉 / · · · [美] 比尔·盖瑟

一天下午，本吉和我一起在院子里工作，这正是大学的暑假期间，是我儿子前途未卜的时期。我真想向他说些什么。

休息时，本吉环视着我那 15 英亩的土地，有溪流，有树林，还有如碧波起伏的青草地。"这地方真美。"他说，显出沉思和迷恋。

于是我就将这片土地的来历告诉了本吉。

我们的第一个孩子苏珊娜出生不久，格洛丽亚和我在我长大的那个镇上教书。我们很需要一块土地来建造房子。我注意到在镇南面农民放牧牛群的那片土地，那是 92 岁的退休银行家尤尔先生的土地。他有许多土地，但一块也不卖。他总是说："我已对农夫们许诺，让他们在这片土地上放牧牛群。"

尽管如此，格洛丽亚和我还是到银行拜访了他。他依旧在银行里消磨他退休的岁月。我们走过一扇森严可畏的桃花芯木制的门，进入一间光线暗淡的办公室。尤尔先生坐在一张办公桌后面，看着《华尔街日报》。他几乎没有挪动一下，只从他那副眼镜上方看着我们。"不卖，"当我告诉他我们对这块土地感兴趣时他自豪地说，"我已经将这块土地许诺给一个农民放牧了。"

"我知道，"我有点儿紧张不安地回答，"但是我们在这里教书，也许你会卖给打算在这里定居的人。"他噘起嘴，瞪着眼看着我们，"你说你叫什么名字？"

"盖瑟。比尔·盖瑟。"

"嗯！和格罗弗·盖瑟有什么亲戚关系吗？"

"是的，先生，他是我的爷爷。"

尤尔先生放下报纸，摘下眼镜，然后他指着两把椅子。于是我们就坐下来。

"格罗弗·盖瑟是我农场里曾经有过的最好的工人。"他说,"他到得早,走得晚,他把所有要干的事都干了,用不着吩咐。"老人探身向前,"如果有拖拉机要修理,让它搁着,他觉得不好受。"尤尔先生眯缝着眼,眼神中流露出遥远隐约的记忆,"你说你要什么,盖瑟?"

我又将买地的意思对他说了一遍。

"让我想一想,你们过两天再来。"

一周后我又到他的办公室。尤尔先生说,他已经考虑过了。我屏住气息。"3800美元怎么样?"他问。以每亩3800美元计,那我要付出约6万美元,这不明摆着是拒绝吗?"3800美元?"我喉咙里仿佛梗塞着什么。"不错,15英亩卖3800美元。"我无限感激地接受了。

将近三十年后,我和本吉漫步在这片美丽的土地上。"本吉,"我说,"这全都因为一个你从未见过的人的美好的声誉。"

在爷爷的丧礼中,许多人对我说,爷爷宽容、慈祥、诚实和正直。这使我记起了一首诗:"我们要选择的,是美好的声誉,而不是财富;是爱的恩泽,而不是金银宝贝。"美好的声誉就是爷爷盖瑟留给我们的遗产,我希望本吉将来在这片温柔的土地上散步时,也将这个故事告诉他的儿子。

与你共品

美好的声誉对于人的一生是非常重要的,它往往胜于金银财富,它往往能使自己及后人受益无穷,这正是本文所讲述的道理。但是,现在有许多年轻人意识不到这一点,只顾眼前的既得利益,这篇文章具有很强的现实意义。

文中并没有空洞的说教,生硬的道理,而是通过自己经历的一件真实的事情来告诉孩子,美好的声誉是多么重要。这样做要比机械的说教效果好得多,相信他的儿子也一定会将这种宝贵的财富继承并发扬下去,作为读者,这篇文章给我们传递了同样的气息,美好的声誉是多么重要!

★"这正是大学的暑假期间,是我儿子前途未卜的时期","前途未卜"指什么?

★"我真想向他说些什么。"根据文意理解向他该说些什么?

★文章的结尾为什么要引用一首诗?

★文中为什么多次提到这片"美丽的土地","温柔的土地"?

第六枚戒指 / ···[美] N.Piper

我17岁那年,好不容易找到一份临时工作。母亲喜忧参半:家有了指望,但又为我的毛手毛脚操心。

工作对我们孤女寡母太重要了。我中学毕业后,正赶上大萧条,一个差事会有几十、上百的失业者争夺。多亏母亲为我的面试赶做了一身整洁的海军蓝,才得以被一家珠宝行录用。

在商店的一楼,我干得挺欢。第一周受到领班的称赞。第二周,我被破例调往楼上。

楼上珠宝部是商场的心脏,专营珍宝和高级饰物。整层楼排列着气派很大的展品橱窗,还有两个专供客人看购珠宝的小屋。

我的职责是管理商品,在经理室外帮忙和传接电话。要干得热情、敏捷,还要防盗。

圣诞节临近,工作日趋紧张、兴奋,我也忧虑起来。忙季过后我就得走,恢复往昔可怕的奔波日子。然而幸运之神却来临了。一天下午,我听到经理对总管说:"艾艾那个小管理员很不赖,我挺喜欢她那个快活劲。"

我竖起耳朵听到总管回答："是,这姑娘挺不错,我正有留下她的意思。"这让我回家时蹦跳了一路。

翌日,我冒雨赶到店里。距圣诞节只剩下一周时间,全店人员都绷紧了神经。我整理戒指时,瞥见那边柜台前站着一个男人,高个头,白皮肤,约摸30岁。但他脸上的表情吓我一跳,他几乎就是这不幸年代的贫民缩影。一脸的悲伤、愤怒、惶惑,有如陷入了他人置下的陷阱。剪裁得体的法兰绒服装已是褴褛不堪,诉说着主人的遭遇,他用一种永不可企的绝望眼神,盯着那些宝石。

我感到因为同情而涌起的悲伤。但我还牵挂着其他事,很快就把他忘了。

小屋打来要货电话,我进橱窗最里边取珠宝。当我急急地挪出来时,衣袖碰落了一个碟子,六枚精美绝伦的钻石戒指滚落到地上。

总管先生激动不安地匆匆赶来,但没有发火。他知道我这些天是在怎样干的,只是说："快捡起来,放回碟子。"

我弯着腰,几欲泪下地说："先生,小屋还有顾客等着呢。"

"去那边,孩子。你快捡起这些戒指!"

我用近乎狂乱的速度捡回五枚戒指,但怎么也找不到第六枚。我寻思它是滚落到橱窗的夹缝里,就跑过去细细搜寻。没有!我突然瞥见那个高个子正向出口走去。顿时,我领悟到戒指在哪儿了。碟子打翻的一瞬,他正在场!

当他的手就要触及门柄时,我叫道:

"对不起,先生。"

他转过身来。漫长的一分钟里,我们无言对视。我祈祷着,不管怎样,让我挽回我在商店里的未来吧。跌落戒指是很糟,但终会被忘却;要是丢掉一枚,那简直不敢想象!而此刻,我若表现得急躁——即便我判断正确——也终会使我所有的美好的希望化为泡影。

"什么事?"他问。他的脸肌在抽搐。

我确信我的命运掌握在他手里。我能感觉得出他进店不是想偷什么。他也许想得到片刻温暖和感受一下美好的时辰。我深知什么是苦寻工作而又一无所获。我还能想象得出这个可怜人是以怎样的心情看这社会:一些人在购买奢侈品,而他一家老小却无以果腹。

"什么事?"他再次问道。猛地,我知道该怎样作答了。母亲说过,大多数人都是心地善良的。我不认为这个男人会伤害我。我望了望窗外,此时大雾弥漫。"这是我头回工作。现在找个事儿做很难,是不是?"我说。

他长久地审视着我,渐渐,一丝十分柔和的微笑浮现在他脸上。"是的,的确如此。"他回答，"但我能肯定，你在这里会干得不错。我可以为你祝福吗？"他伸出手与我相握。我低声地说："也祝您好运。"他推开店门，消失在浓雾里。

我慢慢转过身，将手中的第六枚戒指放回了原处。

与你共品
yu ni gong pin

　　《第六枚戒指》是一篇短篇小说，选自百花洲文艺出版社出版的《世界名家经典小说》。这是一篇很有味道、极具震撼力的小说，读后对人的心灵有着强烈的冲击。作品是在经济大萧条的背景下展开故事的，在一个差事会有上百失业者争夺的严峻生存形势面前演绎第六枚戒指的故事。作品名为《第六枚戒指》，文题含蓄隽永，耐人寻味，通过第六枚戒指人与人之间心灵的交锋、碰撞，显示了人性的魅力与光辉，男人的做法可能不高尚，但读者理解他原谅他，在贫穷饥饿与理解他人的贫穷饥饿面前，他的人性占据了上风，由并不高尚的行为出发但最终却达到了高尚，这不能不使人同情与叹惋。作者别具匠心地把故事安置在一家珠宝店中，同学们读此文时不可忽略这一点，用作品中的话是"一些人在购买奢侈品，而他一家老小却无以果腹"，这种对比让我们想起诗圣杜甫"朱门酒肉臭，路有冻死骨"的千古咏叹，这也在不事渲染之中渲染了这种人世间的不平，正如鲁迅先生所说"煤炭大亨怎知捡煤渣老人的辛酸"。

个性独悟
ge xing du wu

　　★怎样理解六枚精美绝伦的钻石戒指滚落到地上后，"总管先生激动不安""我几欲泪下""我用近乎狂乱的速度捡回"等行为举止？

　　★作者把一个失业者安排到一家珠宝行，故事发生在圣诞前一

走过心灵的脚步没有声音

周的时间里,有什么特殊的意义吗?

★简要分析《第六枚戒指》的人性魅力。

快乐阅读
kuai le yue du

夏日里最后一朵玫瑰/····刘继明

　　女高音在春天即将过去的时候,被一场致命的疾病击倒,她整日卧病在床,回忆自己刚刚绽放的青春年华和艺术生命,犹如窗外天幕上一闪即逝的流星,心里充满了忧伤。在那些日子,她不止一次地支撑着虚弱的身体走到钢琴边,但她的手指已经无力掀开琴盖。她只能任凭往昔的音乐在脑子里发出空洞的回响,然而又无可挽回地弥散,消失,彻底地归于冥寂……

　　而小偷将在这个故事里不可避免地出现。小偷的出现显然带有极大的偶然性。由于故事本身的逻辑,他拿着一束塑料玫瑰花,在一个细雨蒙蒙的黄昏敲开了一扇关闭多日的门。而在此之前,这个手拿玫瑰的小偷已经走遍了这座城市的大部分私人住宅区,并且成功地完成了一次又一次的偷窃。他作案的主要伎俩是当确信室内空无一人时,便毫不犹豫地撬门而入;而倘若门不幸被敲开,他便捧着那束玫瑰花彬彬有礼地问:"请问您要花吗?"

　　小偷敲开故事中的那扇门时,看到的是一双美丽得令人心悸的濒死者的眼睛。接下来发生的一切完全超出了小偷的经验范围。就在他还未来得及问"请问您要花吗"的当儿,他手里拿着的那束花已被轻轻地接过去了。"好香的玫瑰呀!"小偷听见她凑近塑料花认真嗅嗅说。小偷一时有点惶惑。"是刚采到的吗？"她捧着塑料花往里走时又回眸一笑，"太谢谢了。"她再次把脸贴近塑料花，陶醉地闭上眼睛。待她睁开眼睛时，刚才还苍白得没有一点血色的脸上奇迹般显出两抹淡淡的红晕，"您还站在门口干吗？请进来呀。"小偷觉得她的声音像水晶一样透明。他的腿僵立在门口，仍然有点儿不知所措。他想悄悄地溜走，但怎么也迈不动步。"您喝点什么？咖啡，还是茶？"他吭哧了半天，终于说："我还是走吧。"但是茶已经端上来了，热气腾腾，散发着一缕茉莉花香。他只好硬着头皮走了进来。

小偷坐在客厅的沙发上显得拘束不安。"您看这花放在哪儿好？"她捧着那束塑料花在屋子里走来走去，"好久没人给我送花了。连花瓶也不知丢到哪儿去了。您看过我演的哪部歌剧？《图兰朵公主》《卡门》，还是《原野》?噢，那您是听过我的音乐会了。"她总算找到了一个空罐头瓶，"您看这花插在这里面行吗？我这儿空罐头瓶有的是，可就是没有那么多的花。"她又喘息似的笑了笑，"您从哪儿知道我喜欢玫瑰的？我可从来没对人说起过。"她忽然偏过脸，孩子气地把双手合在胸前，"您猜猜看，我现在最想做的是什么？"小偷摇了摇头。

"弹钢琴，"她轻轻吐出三个字，"我好久没摸过琴键了。"她朝他看了一眼。"您能帮我掀起琴盖吗？"她不好意思地垂下眼睑，手指互相绞在一起，"您知道我现在连这点儿力气都没有了。"

小偷犹豫了一下，还是过去帮她掀起了琴盖。"您真好。"她坐在钢琴旁喃喃地说。她的手指按在琴键上。琴声蚕丝一样从她的手指下滑出来，显得绵软无力。"您能听得出来是哪一首曲子吗？"她说，"我的手指柔弱得像棉絮，您没法想象我 15 岁的时候就是靠这支曲子走进音乐学院的。《夏日里最后一朵玫瑰》。您听出来了吗？可惜我不能唱了，大学时我唱它得过大奖。"她的手指在琴键上无力地垂下，"您在听吗？"

"我该走了。"小偷从沙发上站起身，语气显得很坚决地说。当他穿过客厅，快步向门口走去时，他听见身后传来一种异常的声音，"您……还来吗？"

三天以后，他又来了。怀里抱着一大束芳香四溢的真正的玫瑰。嗅！她吻着那些妖艳的花朵说："我从来没见过这么多的玫瑰。"她因兴奋过度，呼吸有些困难起来。他把她扶到床上躺下，又将插上玫瑰的空罐头瓶围绕床的四周摆了一圈。她默默地看着他做完这些。"您知道吗，我还以为您不会来了。"她说。

"我也是这么想。"他说。

"可您还是来了，"她说，"您不知道我有多么高兴。可惜我不能给您唱歌了，您不会见怪吧？"

走过心灵的脚步没有声音

"怎么会呢。"他说。

"我本来可以给您把那首《夏日里最后一朵玫瑰》弹完，可我的手越来越不听使唤了。"

从这以后，小偷每隔三天便送来一束芬芳袭人的玫瑰。它使房间里很长一段时间散发着奇异的花香。她久病不愈的脸一度焕发出淡淡的红润。她再次产生弹完那首《夏日里最后一朵玫瑰》的念头，但这种淡淡红润并没有维持多久。直到有一天她坐在钢琴旁等了整整一个下午，始终未听见她所熟悉的敲门声。而这时罐头瓶里的玫瑰已明显地枯萎下来。就在那天夜里，她的脸变得比往常更加苍白……

夏天快要过去的时候，小偷终于从拘留所里被放出来了。他胡子拉碴，目光变得更加阴郁，那天他跑遍了大半个城市，才在一个偏僻的花市上买到一束并不十分鲜艳的玫瑰。这大概是夏季里最后一朵玫瑰了，他想。

他又敲响了那扇门。他敲了半天，但开门的是一个陌生的老人。

老人瞥了一眼他手里的玫瑰花，漠然地说：

"你是找那位女歌唱家吗？她两个月以前死了。"

与你共品
yu ni gong pin

　　本文以真实的故事，叙写了一段令人难忘的情。作者把两位人物放在一起，形成鲜明的对比，女歌唱家，高洁、热爱生命、顽强地拼搏着；小偷，卑鄙龌龊、窥视着别人的财物，打着送玫瑰的旗号，干着见不得天日的勾当。一明一暗，一个濒临生命的死亡，一个在死亡之中求生，正像臧克家所说："活着的人，已经死了，他已经死了，却仍然活着。"文中的两个主人翁，正是如此。作者借"玫瑰"作为全文贯穿的线索，同时又给玫瑰赋予了多层的、深刻的含义：如果说女高音歌唱家，由于疾病造成了她像一朵枯萎的玫瑰，那么这一朵暗淡无光泽的玫瑰却挽救了一个人的灵魂；从行文看，女高音歌唱家似乎都是在无意地支配着自己行动，而小偷却在无意的女高音家面前，照出了自己灵魂的肮脏，懂得了人生的价值，懂得了怎样走自己的路。

个性独悟
ge xing du wu

　　★文中第一自然段,从记叙文角度看它交代了哪些要素,这一段在全文起着什么作用?这一段中流露出女歌唱家一种什么感情?

　　★作者最后的结尾,给你的印象如何?对此你有什么评价?

　　★这篇散文,题目与贯穿全文的线索有哪些联系?这一联系与文章中心有关系吗?

快乐阅读
kuai le yue du

别饿坏了那匹马 / ···许申高

　　我上小学五年级那年,学校不远处的那个书摊是我放学后唯一流连忘返的地方。可是更多的时候,手无分文的我只能装作选书的样子,像贼一样地偷看那么几则小故事,然后溜之大吉。

　　守候书摊的是一位坐在轮椅上的残疾青年。往往这时候,羞愧不已的我根本不敢回头去看他那张苍白消瘦的脸——他肯定鄙视着我匆匆离去的背影。当我第二天上学经过书摊,看见坐在轮椅上的他依然宽厚地与我一笑时,我忐忑不安的心才得以平静。

　　如果没有他每日早上这宽厚的一笑,我就不会厚颜无耻地继续白看他的书,也就不会有那刻骨铭心的两耳光。

　　清楚地记得当时我正读《红岩》这部小说,江姐忍受酷刑时那十指连心的疼痛直锥我少年的心。我泪流不止。偶一抬头拭泪时,我瞥见了轮椅上的他正定定地看着我,"坐下慢慢读吧!",他不失时机地指着身旁的一只小凳子。

　　当时我完全忘记了白看书的尴尬,正要坐下的一瞬间,突然身后有人揪住了我的衣领。张皇地回过头来,发现是父亲怒目圆睁的脸。继之,两扇巴掌便不由分说地抽在我脸上。

"别打孩子!"年轻人竭力想从轮椅上挣扎起来阻止我父亲,"孩子看书不是坏事,干吗打孩子?"

"我不反对他看书。"面对年轻人的责问,父亲的语气变得嗫嚅,"是,是为其他事,与这不相干。"说罢,父亲夺过我手中的那本书,匆匆地翻了一下,转而交给那年轻人,然后拽着我走了。

我不无留恋地回头去看愣愣地倚在轮椅上的他以及握在他手中的那本书,奇怪的是书页中分明多出了一叠整齐的毛角票子。

这天晚上,父亲告诉我:"打你不为别的事。都像你这样白看书,人家怎么过日子?搬运队的马车夫常要马草,你可以扯马草换钱。再发现你看书不给钱,我饶不了你!"

从此,每天清早我就去山上扯马草,上学前卖给那些马车夫。一把马草一毛钱,最多时我卖过六毛钱。攥着这来之不易的毛票,我立即奔向那书摊。

他接过我手中的钱,笑道:"不错,不错,应该要这样!"从此我能泰然地坐下来,从容地阅读那本尚未读完的书。

可好景不长。我渐渐发现马草并不那么好卖了。不久马车夫告诉我,现在兴喂饲料,很少用马草了。卖不出马草的日子,我只能强制自己不去书摊。父亲的两巴掌一直疼彻我的心。

有一次,我背着马草四处寻找马车夫时,经过了书摊。轮椅上的他叫住了我:"怎么不来看书了?"我抖抖手提的一捆马草,无奈地摇摇头。

他先是一愣,继之眼睛一亮,对我笑道:"过来,让我看看你的马草。"他认真地看过马草后,冲里面屋叫道:"碧云,你出来一下!"

闻声走出一个十七八岁的姑娘,可能是他的妹妹吧。

"碧云,老爸不是有一匹马吗?收下这孩子的马草。"他盯着姑娘茫然的眼睛,以哥哥的口吻命令道:"听见没有?快把马草提进去!"

姑娘木然地接过我的马草,提进了里屋。

这天傍晚我离开书摊时,轮椅上的他叮嘱我:"以后马草就卖给我。别耽误时间饿坏了那匹马。行吗?""没问题。"我巴不得有这样的好事。

以后每天,当我背着马草来到书摊时,他便冲里屋叫道:"碧云,快把马草提进去,别饿坏了那匹马。"

闻声奔出的碧云对我的马草开始赞不绝口:"想不到你扯的马草会是最好的盘根草,马儿吃得香哩!"不假,都是盘根草。扯这种马草很不容易,我的手指都起了茧。可恨那些马车夫,以为这种马草已经一文不值。

有一回,当我合上书本正要离开时,他叫住我:"过来一下,今天六把马草,还应该给你找两毛钱。"

我急忙摆摆手:"留着再看书。"他正色道:"看书是看书,卖马草是卖马草,两码事。你接着——"他给我扔来两枚硬币。

很久之后的一天,我一如往日地背着马草走向他的书摊。一如往日的,他冲着里屋叫道:"碧云,快出来提马草!"接连喊了数声,可碧云迟迟不肯出来。"是不是有事出去了?"他疑惑地自语道。

"我自己提进去。"说着,我就往他身后的木板房走去。

"别别别……"他急了,"碧云!碧云!"他用双手拼命地摇着轮椅,想阻住我的去路,"你放下!等碧云来提!"

"没事,我提着一样。别饿坏了那匹马。"可恨那天我没有听他的劝阻,提着马草推开了那扇吱呀作响的门。

"回来!"他在身后吼道,"那马会踢伤你的!"

可是迟了!我已经走进他家的后院,看见了一堆枯蔫焦黄的马草——这些日子来我卖给他的所有马草!那匹马呢?香甜甜地吃着我的盘根草的那匹马呢?

我扭头冲了出来,偎在他的轮椅边上直想哭。

"对不起,我这样做可能伤害了你。"他拍着我的肩头,轻声说道:"我知道你希望真的有那么一匹马。其实,没事的,你继续看书吧。"

我努力点点头,使劲忍着,没让自己哭出来。

与你共品

yu ni gong pin

　　作者通过一个感人肺腑的故事,展示了人世间的真善美。一个残疾青年,轮椅上生活的青年;一个小学五年级的学生,花不起钱,偷偷白看书的学生。一匹永远别饿坏了的马,沟通着两位彼此相怜的人。善意的谎言是值得倾听的,善意的谎言表达了一份真情。那位青年,那位小学生,默默无语、执手相看、欲哭无泪,心心相通、相印。

个性独悟
ge xing du wu

　　★作者回忆小时候的事，心里一阵阵疼痛，纵观全文，是一件什么事？在这件事中涉及几个人物？

　　★守候书摊的主人是怎样的一个青年？他对"我"如此的行径是怎样的一种态度？"我"当时是怎样的一种情态？

　　★"我"在父亲的什么建议之下解决了读书难题？此时的"我"有一种什么样的行动、心理和阅读情态呢？

　　★当"我"弄明白真相之后，"我"有怎样的一种心理？当"我"在书摊主人安慰之中终于没有哭又表现了"我"怎样的性格特征？

快乐阅读
kuai le yue du

我是小偷 / ··· [印度] 拉斯金·邦德

　　一天晚上，他带回一小沓钞票，说是刚把一本书稿卖给一个出版商。夜里，我看到他把钱塞在了床垫下面。

　　我为阿尼尔干了大约个把月的活。除了买东西时做点儿小弊，我没有再去干我的老本行。其实我有很多得手的机会。阿尼尔给了我一把房门钥匙，我可以随意进出。他是我所遇到的最信任别人的人。

　　这倒使我很难对他下手。偷一个贪心的人容易，但偷一个粗心的人却很困难——有时他甚至不知道自己已经被盗，这对于我这行的来说倒没多少意思了。

　　是动真格的时候了，我对自己说。长时间不干，手都生了。如果我不把钱拿走，他将把它全部花在他的朋友身上，反正他是不会支付我工钱的。

　　阿尼尔睡着了。皎洁的月光透过阳台照在床上。我一骨碌从毯子里爬出来，悄悄地爬到他的床前。阿尼尔安详地睡着，他的面孔清晰，没有一丝皱纹。与他相比，我的脸上却布满了伤痕。

我把手伸进床垫下去摸到钞票，我轻轻地将其抽出。阿尼尔在梦中叹了一口气，并把身子翻向我。我不由得大吃一惊，赶紧爬出房子。

一上路，我便开始跑起来。我用腰带把钞票束在腰间。跑了一阵后，我放慢了步子。边走边数着票子，50卢比一张，共600卢比。真是发了大财！这下我可以像一个阿拉伯石油富翁一样，过上一两星期好日子啦。

来到车站，我直奔站台，开往勒史瑠的快车刚要出站，尚未加速，我还来得及跳上一节车厢。但我犹豫了——我自己都说不清为什么——我失去了逃走的机会。

当火车离去，我发现自己站在空无一人的站台上。我不知道该去哪里度过这个漫长的夜晚。我没有真正的朋友，我认识的唯一好人却是被我偷了钱的人。

在我短暂的偷盗生涯中，我研究过那些丢了东西后的人的各种表情。贪心的人惊慌不安，富有的人怒容满面，贫穷的人无可奈何。但我想，当阿尼尔发现谁是盗贼时，他只能是悲伤失望。这倒不是因为丢了钱，而是因为失去了信任。

不知不觉，我来到了一个广场。我在一条凳子上坐下。11月初的夜晚有些凉意，毛毛细雨更使我心烦意乱。不一会儿，又下起大雨。我浑身湿透，衣服紧贴在身上。凉风夹着暴雨，无情地抽打着我的面颊。我摸了摸腰间，钞票都被雨水打湿了。

啊，阿尼尔的钱！如果我不离开他的话，早上他很可能给我两三个卢比，让我去看电影。但我现在把他的钱全部拿走了，再也不用做饭，不用跑集市，不用学写句子了。

学习！偷盗成功的激动，早已使我忘记了学习的事。我知道，学习总有一天会给我带来比几百卢比更大的好处。但偷盗简直是太容易了，有时就像被别人捉住一样容易。可是，要做一个真正的人，一个聪明能干的人，一个受人尊敬的人，则是另一回事。我应该回到阿尼尔身边，我对自己说，即使只是为了学习。

我急忙向阿尼尔的房子走去，心情异常紧张，因为把赃物送回而不被发现，比偷盗更难。我轻轻推开门，伫立在月色朦胧的门口。阿尼尔仍在熟睡。我悄悄地爬到他的床前，手里捏着那沓钞票。我把手慢慢伸向床边，将钱塞进垫子下面。

第二天早上，我起晚了，阿尼尔早已煮好了茶。他把手伸向我，手指间夹着一张 50 卢比的票子。我的心提到了嗓子眼儿,以为我的所为被发现了。"我昨天赚来一点儿钱,"他解释说,"你将定期得到工钱。"我精神振奋。但当我接过钱时,票子还是湿的。

"今天我们开始写句子。"他说。看来他对我所干的事是知道的,但他什么也没表露出来。

与你共品
yu ni gong pin

　　一个小偷跟住了一个叫阿尼尔的青年,为他做饭,为他跑腿,更为偷他的钱。可一旦偷盗成功,小偷却失去了偷盗的快乐。经过痛苦地思索小偷最终将这钱放回,只因为在和阿尼尔的交往相处中得到了他的信任。信任,可以使迷途的羔羊返回正轨。

个性独悟
ge xing du wu

　　★阿尼尔在梦中叹了一口气,结合后文看,是梦中,还是心中?这一切阿尼尔像是一个导演,他想导演一场什么剧幕?

　　★"我"把钱放回后,你认为阿尼尔是怎样想的呢?设想阿尼尔的心理活动,描写出来。

人性的魅力

在诺贝尔文学奖授奖仪式上的演说 / · · · [瑞典] 拉格洛夫

　　几天前，晚霞散尽时，我乘上了开往斯德哥尔摩的列车。车厢内灯光幽暗，车窗外夜色浓重。疲惫的旅客们休息了，只有我静静地坐着，谛听火车撞击铁轨的吭吭声。

　　我浮想联翩，以往去斯德哥尔摩旅行的情景一幕一幕地出现在眼前：通常，是为了去办些麻烦事——去通过考试啦、为手稿找个出版商啦，等等，而这一次，我是去领诺贝尔文学奖，这对我来说也是一件困难的事情。

　　整个秋天，我离群索居于韦姆兰的一幢老房子里，而现在我却要在大庭广众之中抛头露面。我已经过惯孤独隐遁的生活，对喧闹繁华的场面甚为不适。一想到要面对那么多人，不禁惶恐不已。

　　不管怎么说，我内心深处，对接受这一殊荣充满了欣喜。我想象着那些分享我的幸运的人们高兴的脸庞。他们中有我的好朋友、我的兄弟姐妹、我那年迈的母亲——她仍留在老家，非常欣慰地在她有生之年能看到这一天。

　　我又想起了我的父亲，一种深切的悲哀占据了我的心田——他已经不在人世了。我再也无法走到他身边，告诉他获奖的喜讯。我知道没有一个人会像他那样听到这一喜讯后更加兴高采烈了。我从未遇见一个人，像他那样酷爱文学作品并尊敬它的作者。我真希望他的在天之灵能获悉我荣获了诺贝尔文学奖。是啊，我无法亲自告诉他这一消息，这是我心中最大的遗憾。

　　有过在奔驰的列车中过夜的经验的人都知道，当列车毫无震颤地平稳滑行，万籁俱寂中，"咔嚓，咔嚓"的车轮转动声变成了节奏安详的旋律，它能抚平人们心中的一切烦恼和忧虑。这时,蒙眬入睡的旅客往往会产生在浩瀚的宇宙中飞翔、漂浮的感觉。是啊,我当时就有这种感觉。恍惚中,我坠入了幻想——我也许是搭车前往天国,和父亲去重逢!火车行驶得那么轻快,像是驾虚凌空一般,我的思绪比列车的速度更快。

父亲像往常那样,坐在前廊的摇椅上,面对着阳光明媚、鲜花盛开、小鸟啾啾的庭园。他正念着《弗里提奥夫萨迦》。当他看到我时,便放下书,把眼镜高高地推到前额上,从椅上站起,朝我走来。他或许会说:"你好,我的女儿,见到你很高兴!"或许会说:"嗨,你来啦!你好吗?我的孩子!"——这些都是他以往常说的。

然后他重新坐上摇椅,揣测我为什么会来看他。"孩子,你一定碰到什么困难了!"他会这样突然地问道。"不,父亲,我一切都很好。"我回答,想把这好消息告诉他。可话到舌尖又咽了去,我想把它说得含蓄点儿。"我是来向您讨个主意的,父亲,"我说,"因为我欠了一大笔债。"

"如果是为这件事找我,我恐怕爱莫能助。在这天国,虽说样子很像韦姆兰老家,什么东西都不缺,可就是没有金钱。"

"我欠下的不是钱,父亲。"我会这样说。

"那更糟糕,"父亲说,"你还是从头说说这是怎么回事吧,我的女儿。"

"我想我求您帮忙不算过分,因为这是您开的头,父亲。您还记得吗?您以前常弹钢琴、唱贝尔曼的歌给孩子们听。每年冬天,您至少让我们朗诵两回泰格奈尔、鲁内贝黑和安德森的作品。不是吗?我现在欠的债就是从那时开始的。父亲,就是您使我喜欢上那些童话故事与英雄传奇,热爱我们的国家,无论在贫富荣辱、顺境逆境中都要热爱人生,我真不知道该怎样才能偿还这笔债。"

父亲一定会从椅子上站起来,点头微笑,显出全然放心的神态,说:"能够使你欠上这笔债,我倒是很高兴的!"

"是呀,父亲!但问题是,您还不了解我欠下了多少债!"我说,"使我获益匪浅的人可真不少呀!父亲,还在您年富力强的时候,就常有一些贫穷的、无家可归的流浪艺人,在韦姆兰演唱歌曲和表演喜剧,他们的粗犷、欢闹的街头艺术,使我增长了不少见识。还有那些森林边上的灰色小农舍里,老爷爷、老奶奶曾在我童稚的心灵里灌输了许多聪明、美丽的小姑娘以及小水怪、小精灵的故事,他们也是我的启蒙老师。他们使我懂得,冷峻的岩石、幽暗的森林,是那么的富有诗意,再想想那些隐居在幽静的修道院里的那些脸色苍白、颧骨高耸的神职人员讲的传奇故事吧!他们讲述亲眼见到的怪诞景象和亲耳听到的奇妙声音，令人难以忘怀。我在作品中借用了他们那些口头创作的故事。还有我们那些徒步走到耶路撒冷去朝圣的农民，他们这一非凡的举动为我提供了很多的创作素材。难道我不曾欠下他们的债吗？不仅我欠了人间的债，对大自然，我也欠了债。因为，飞禽走兽、树木森林、鲜花青草，无不向我吐露了他们的秘密，无不使我的创作得益。"

父亲脸上绽露出笑容，显示出一点儿都不担心的神色。"难道你不明白，我背上了沉重的债务？"我说道，表情越发沉重，"在人世间，没有人说得出我怎样才能还清这笔债，但我相信身在天国中的您有办法帮助我。"

"是的，我会帮助你。"父亲说道，神色仍然像往常那样漫不经心和从容自如，"别担心，孩子，你的困难总会有法子解决的。"

"父亲，可我的债还不止这些呢！那些创造了我们的文字、语言，并把它铸成那么称心如意的工具，那些教会我写一手漂亮的瑞典文的人，也是我的债主。还有，那些把写作变成一门艺术的先驱者，在我们时代之前的散文、韵文好手，对在我孩提时代就受其恩惠的我国的、挪威的大作家们，我不是也负债累累吗？我有幸躬逢其盛，生活在我国文学的鼎盛时期，文坛泰斗与后起之秀都以呕心沥血的作品滋养了我，激发我的想象力，砥砺我投身文学事业，使我的梦想结出丰硕的果实，难道我不是欠了他们的恩泽之债吗？"

"是呀，是呀，"父亲称是，"你说得对，你果然债台高筑，但不要担心，我们总得找出个还债的办法。"

"父亲，我认为您还不了解这对我有多么困难。我还承受了我的读者对我的多大恩情，从派我去南方旅行的年迈的国王与他的小王子，到读了《骑鹅历险记》之后用童稚的笔迹写信向我致意的小读者，我实在欠了无法偿还的债。要是没有人读我的书，我岂不是一事无成？我也不会忘记写文章评论我的人士。一位丹麦的著名评论家仅写了几句话，就为我在那个国家赢得众多的读者。而在他之前，还没有文学批评家如此炉火纯青，把胆汁般的批评与佳肴般的褒扬融合起来，谆谆地教诲我。可惜现在他已谢世。还有在国外为我写文章的那些人，无论是赞扬或批评都是对我的鞭策。"

"是的，是的。"父亲虽仍是这样说，但他的神色凝重起来，他一定开始明白，我的难处还不好办呢！

"我会记住助过我一臂之力的人们，父亲。"我说，"感谢我忠诚的朋友赛尔德，当我还默默无闻时，就为我四处奔波，帮我打开事业的大门。我的好朋友、旅伴，不仅带我去南方，看到许多珍贵的艺术品，而且使生活本身更愉快幸福，使我拥有伟大的爱、崇高的荣誉和名声,这些情谊叫我如何报答?父亲,你明白我为什么要求助于您了吗?"

父亲低头陷入了深思,似乎不那么有信心了:"我同意你所说的,我的女儿,要帮你解决这些麻烦,还不容易。不过,除此之外,你大概没有再欠别人的债了吧!"

"唉,父亲,前面所说的债务已经使我难以偿还了,可是我最大的一笔债务还没说呢!这就是我特意来听取您指点的原因。"

"我真不明白你怎么旧债未了,又背上了新债!"父亲不解地说。

"事情是这样的……"我回答说,接着把获奖的事一五一十地告诉了他。

"我简直不敢相信,皇家科学院……"父亲吃惊地看着我,从我的表情中他觉察到,这一切是千真万确的。他脸上的每一条皱纹都因喜悦而飘动着,眼中满是泪水。

"对于提名我当诺贝尔文学奖候选人和授奖决策人,我真不知道该说什么好!父亲,他们给我的不仅是名誉与金钱,他们对我充分信任才把我拔擢出来,把我的名字传向全世界!我怎样才能偿付这笔天大的债务!"

父亲一言不发地坐着,他的手擦着兴奋的泪花。他举起拳头捶着摇椅的扶手,对我说:"这些债务无论天上或人间都是无法解决的!所以我也不必伤透脑筋了!你荣获诺贝尔文学奖,我高兴都来不及,顾不上担心别的了!"

尊敬的国王陛下,尊敬的王储殿下,女士们、先生们——在我没有找到更好的回答之前,我只能荣幸地请你们与我一起,为瑞典文学院干杯!

与你共品
yu ni gong pin

塞尔玛·拉格洛夫(1858~1940),瑞典小说家,1909年因出版长篇童话小说《骑鹅旅行记》获诺贝尔文学奖。本文是她1909年12月10日在诺贝尔文学奖授奖仪式上所发表的演讲。本文可分为两部分,第一部分写获奖的感受。第二部分父女天国相会完全是一种全新的想象力,递进式地倾诉自己"欠债"的困境,这种"欠债"表达着自己的发自内心的绝无矫情的感激之情。作者追忆自己成长的道路上,对自己有所帮助、濡养的人，无一遗漏地感激了所有应该感激的，那么诚挚那么深情，那么富于女性特有的人情味，全文闪耀着人性美的光辉。

个性独悟
ge xing du wu

★"去领诺贝尔文学奖"，为什么"这对我来说也是一件困难的事情"？对于能够得到这一"殊荣"而"我"最感到"欣慰"的是什么？

★为什么说"我现在欠的债就是从那时开始的"？"我真不知道该怎样才能偿还这笔债"中的"债"是什么？作者要还债，这是一种怎样的行为？

★如果将每一种类型的债用两个字来分别概括，这些概括众多债务的两个字各是什么？

★怎样理解父亲说的"这些债务无论天上或人间都是无法解决的"？从全文的内容来考虑，作者最后的提议"为瑞典文学院干杯"有着怎样的含义？

作文链接
zuo wen lian jie

赊小鸡啦／···李倩倩

"小鸡——赊小鸡啦!"这是我二叔喊了二十多年的职业用语。写在纸上，只是干巴巴的六个字;可是一从二叔的口中吆喝出来，竟那么动听、悦耳。听起来，简直是一种高雅的音乐享受。

二叔从20多岁起就卖小鸡。说"卖"不很恰当，他从来都不是现金交易，所以叫卖声也有特色。春天,二叔从孵化场里批发来小鸡。最早是用担子挑着走村串户地叫卖,串遍了十里八乡几十个村子;后来换成了自行车,能走上百个村子;现在又骑上了摩托车,足迹已经到了邻近的几个县。一卖就是一个多月。

一个月后,带回的是一本厚厚的账簿。账簿按村子排列,每村占两三张纸,上面密密麻麻地记着"×××:赊小鸡×只"。有的这样写:"大娘:赊小鸡10只"。我很奇怪,问二叔:"这么多人,你都认得吗?""当然不可能都认得了。有的只是面熟,能叫上名字来的只有几个。"我问:"那你找谁要账去?人家承认吗?"二叔反而对我的问话感到奇怪:"你这是咋说的?哪有不认账的理儿?这几十年了,还从没碰到过一个赖账的。"

冬天,二叔夹着皮包、账簿,去收欠款。几天的工夫,就收完了所有的账,带回家大把大把的钞票,然后再到孵化场结账。第二年再换本新的账簿。二叔年年重复着同样的买卖,行走在同样的路线上。

见大冷天的,二叔还往外跑着要账,我对二叔说:"你冬天这一趟跑得有点冤枉,春天卖的时候直接收现钱,多省事。"二叔说:"收现钱当然省事。可春天正是咱老百姓最需要钱的季节,家里都紧巴,直接拿钱买小鸡,很困难。到了冬天,小鸡长成了大鸡,卖一两只大公鸡就能还上10只小鸡的钱。这样做双方都能得利,比起一手交钱、一手交货来强多了。"

忽然,我想起了一个问题:"要是人家买的小鸡长不大就死了,怎么办呢?还得照账还钱吗?"二叔说:"这咱就得保证货真价实啦。小鸡雏一定不能有什么病,要对得住买主。万一小鸡没养大就死了,或者正赶上人家有急事、特别困难,这样的账,咱也就不好意思再要了。所以,赊出去100元,能收回85元就不错了。我虽然每年少收入一点儿,可人缘混好了——第二年再去,老主顾就又冲茶又递烟地招待,还帮着招呼买卖。我干的是小本买卖,名声是最大的本钱,这比起多挣几块钱管用得多啊!"

看来二叔这买卖还挺有干头的。可今年二叔就遇到了麻烦——几个账簿在半路上丢失了。这可怎么办?那账簿上还有十多个村子的钱没收呢!我真替二叔着急。二叔倒是不太在乎,说:"没账簿也没关系,都是多年的老主顾了。"

我想:二叔真是太天真了,没账簿收什么账?现在拿着一大堆签字画押的欠条都收不上账来,何况连记账的本子都没有了呢!

可是,到了冬天,二叔收账回来,一告诉我收的情况,几乎把我的眼镜跌碎。二叔没拿账簿,可是不管到哪个村,往街口一站,人们就主动把钱交上来了。结果,二叔骑着摩托车一转,十多个村子的账很快就收齐了。

听完后,我立马决定,明年春天,跟二叔一块去赊销小鸡,体验一下生活。这时,我似乎又听到了二叔悠长、高亢、富有音乐磁力的叫卖声:"小鸡——赊小鸡啦!"

【简　评】

文章通过赊小鸡的故事,谱写了一曲诚信的颂歌。二叔对买主讲诚信,也同样收回了诚信。正是靠这"诚信",二叔才赊小鸡二十多年,自己也慢慢发家致富,由当初的"担子挑"到换上了自行车,最后又骑上了摩托车。

文章具有浓厚的生活气息,立意高远,人物刻画活灵活现。

生活告诉我 / · · · 徐　亮

生活告诉我,在维护正义、热爱光明的同时,我们难免有胆怯、畏缩、虚荣、嫉妒的一面,虽然有,但不要去逃避,不要放任自流,要去战胜它们,要学会战胜自己!

"战胜自己是最大的胜利。"一代圣哲苏格拉底的话语,如此强烈地震撼了我,成为我的座右铭。凝视着手中的格言录,我不由得想起小学时的一场考试,那或许是我第一次战胜了自己。

那是一场自然考试,是严冬时节的一场期末考试。教室外,西北风呼呼地刮着,鹅毛大雪飘洒了一地。试卷已经快答完了,信心十足的我手中的笔突然停了下来,这是一道 5 分的大题。刚才还是灵活充实的大脑突然一片空白,我苦苦地思索着,可那麻木的大脑却一个字也想不出来。刹那间,我似乎感到班级第一已不属于我了! 苦啊,没有了赞扬的话语,没有了第一的那种好心情,只有那让人无言以对的批评,或许还有老师审视的目光和同学的冷嘲热讽。我的心一阵慌乱,绝望地看着那道该死的题目,又望了望窗外的寒雪……讲台上,监考老师悠闲地闭上了眼睛,一切都变得好静。我正茫然四顾,突然,触电似的一惊:前面一位同学把手伸向了桌屉,慌忙翻动着课本。我的心一阵狂跳,赶忙移开视线。我敢说,只要我看一眼课本,就能摆脱面前的困境。想到老师的表扬、同学的羡慕和父母的嘉奖,我的手慢慢向桌屉伸去,已经摸到了书。可是我的手又被一种力量拉了回来,我在犹豫:虚假的胜利和诚实的失败到底选择谁? 一面是要第一,要骄傲神气;一面是要诚实,要光明正大。两种声音在我脑中回响,一时间我没了主意。这时,我想起了我的座右铭,要战胜自己,要战胜自己……我心中默念着,勇气又回到了我的身上。我心情平静地做完了后面的试题。我暗暗为自己庆幸,要是被老师同学们知道……我完全可以想象他们轻蔑的目光和沉重的话语,他们会怎样说我? 最重要的是我失去了一颗诚实的心。我交了卷,尽管那上面还有一块"开阔地"。我走出考场,风刮在我的脸上,雪落在我的身上,我突然感到了一阵轻松……

我第一次战胜了自己,战胜了胆怯与虚荣心,留下了勇气和诚实,我感到我似乎成熟了许多。

【简 评】jian ping

身处生活中如同身处考场之中,在面对虚假的胜利和诚实的失败的时候,你选择前者还是后者? 前者会短暂性地带给你虚荣心的满足,而后者会带给你轻松和成熟。你勇敢地选择后者吗? 是的,应该战胜自己,将鼠标置于后者。本文作者就是这样做的。

瞬 间/···孙 竹

　　我们每天都要接触许多的人和事,那些或许是平凡的、琐碎的人或事,你也许是不经意的,然而你会在一瞬间,发现其美丽,心灵受到震颤,思想得到启迪。

　　那是一个星期天的早晨,为了锻炼一下自己,我接过父母给的一张50元的钞票,独自一人上街买菜。在肉摊上,小贩找了几张10元及几张散钱后,我没细看就走了。等我买完其他几样菜后,在回家的路上,才发现其中有一张10元是假的 。我很气愤,立即跑回买肉的地方,找遍了整个农贸市场才知道,那小贩早已逃之夭夭了。唉,倒霉! 也怪我没及时检查。考虑再三,我决定把这张假钱用出去。

　　找了半天,我把目光集中在一位衣衫褴褛、缩在菜场角落低头卖菜的老头身上。等旁边没人时,我才胆怯地上前问他价钱。他仍旧低着头,用沙哑的声音回答我。我不敢逗留,忙将假钞递给他,他称好秤,小心翼翼地接过钞票,开始认真端详起来,我的心一下子跳到嗓子眼儿上了。只见他缓缓地把钱放入内衣口袋,然后拿出一些零钱,准备给我找钱。就在给我钱的一刹那,他抬起了头。我惊呆了!这是一张饱经沧桑的脸:高颧骨,凹眼眶,一张布满皱纹、老得像松树皮似的脸上早已黯淡无光;再瞧那手,也干巴得几欲开裂……我不忍心再看下去,一个老农辛苦耕种一年是多么不易啊! 这么一大筐青菜,也许还卖不上10元,但要耗费他多少时间和体力啊! 我越想越觉得不是。就在这时,我耳边响起了那沙哑的声音:"小朋友,你干吗不接钱呀?"我这才如梦方醒,一股无形的力量使我鼓起了勇气,说:"我不买了,请把钱还给我。"最后,在老人疑惑的眼光中,我放下菜,拿了钱,飞也似的跑了。

　　在幽静的徽水河边,我把那张该死的假钞撕了个粉碎。虽然我损失了10元钱,也许回家后父母还会责备我,但我认为是值得。因为我得到的比失去的更多,那就是:我找回了原本属于我而且永远属于我的那份东西——品德。

走过心灵的脚步没有声音

【简 评】
lian   ping

　　文章中心突出,详略得当;善于运用多种描写手法来塑造人物,揭示出思想转变的整个过程。用词准确、传神,读来真实感人。

花

花开花落

诚

信

卷

潮起潮落观世事沧桑

花开花落感人间冷暖

　　古井镶嵌在两株桃树之下,迷失了历史,只有满
布苔衣的黑石残壁艰难地延续着不该忘怀的记忆.

　　古井,被岁月淘洗,也淘洗岁月.走近,就有一串
串说不完的事,和着日出月斜,诉说时光的流逝.

花开花落

"探病"/···王　蒙

太忙,友谊也就成了奢侈。一位没忘干净名字的小学同学,想谈谈:吃着烤白薯走过的胡同,老师的绰号,爱噘嘴的同桌女生……叙旧就像什锦火锅,好吃,需要吃得起。他推辞掉了。

等离休以后,他一定天天吃什锦,喝着董郎一类酒怀旧。冲这一点,也得废除终身制。

一天,秘书说一位女同志要见他。她老伴十天前死了。死者是无官无名无足轻重的角色。是他下属的下属的下属。但是死了,重要了最后一回。而且女同志说,有重要的话,面谈。

女同志含泪给他鞠了一个深躬。50多岁样子,头发差不多都白了,喘气挺重。他吃了一惊。年轻时候,他们这一辈人对领导倒是衷心拥戴尊敬。轮到他当领导了,他更习惯的是被抱怨,以及被嘲笑和没完没了的纠缠。

"谢谢您!谢谢您!"女同志用嘶哑的嗓音说,准是哭哑了的,"我丈夫最后的时刻还说到了您。"

什么,说到我?吓了一跳。死人的事是很麻烦的。不开追悼会更麻烦。要停尸谈判。祭文上要加更好的形容词。党龄要往早里算。不光彩的一切要"平反"。还要解决亲属的城市户口。通往火化的道路坎坷崎岖。

女同志含泪而又不无欣慰地继续讲下去:"我丈夫说,他一事无成,微不足道。但您关心他。您是唯一关心了他的领导。您使一个小人物临终感到了温暖。谢谢您!死者感谢您,九泉含笑。后死者也感谢您……对不起,我耽误了您的时间,再见,告辞了……"

请留步!这是怎么回事!素昧平生,毫无印象,却奉献了跨越两岸的感激之情……无功受谢……但是,怎么办呢?对一个服丧的未亡之人说不,我根本不认识你,也不认识你的丈夫……

"这个这个,"他说,"请保重,请节哀。有什么困难,有什么需要做的……请留下地址和姓名。"他看到了女同志眼里的泪花,他眼睛也湿润了。

走过心灵的脚步没有声音

几天后,随着汽车驶过一个坑洼时的大颠簸,他想起来了。两年前,他去省委开会,随着一个颠簸,车抛锚了。司机说,要半个小时才能叫另一辆车来。他没法子,便走入附近的一个居民楼。恰好他的身患不治之症的一位下属的下属住在这所楼里。他去看望了他。他看到一个苍白的蓬首垢面的病人,因他的到来而显出笑容。他永远忘不了病人从被子下面伸出的细瘦枯黄带汗的手。那手握他的时候,竟比他的健康高贵的手有力得多。回家后,为洗手打了三遍香皂。他没有说是因为车的引擎出了毛病。他没想到这个病人又活了那么长时间。

他不知道应该自责还是自慰。需要一种古板的诚实,冒着刺伤善良者的危险,退回他不配得到的感激?还是就这样接受了一个人临终前念念不忘的刻骨铭心的感情?他看了看自己的手觉得掌心发热,确实有许多待援的手伸向了他。

与你共品
yu ni gong pin

一个小人物临终感受到了温暖,含笑九泉,但这温暖是领导一次不经意的探视。作者采用倒叙方式,设置悬念,一环扣一环,向人们公布出结果,非常吸引读者。文章反映了一个深刻的主题:作为领导,应多多关心平常百姓,尤其是那些需要帮助、需要安慰的小人物。

个性独悟
ge xing du wu

★他推辞和同学叙旧的原因是什么?

★第四自然段,未见女同志之前"他更习惯的是抱怨,以及嘲笑和没完没了的纠缠",见过女同志之后,他的思想发生了变化,从最后一段中找出描写这一变化的语句。

★通过最后一段"掌心发热"一词,我们可以断定出他是自责还是自慰?

握 手／··· 梁实秋

握手之事,古已有之,《后汉书》"马援与公孙述少同里闾相善,以为既至掌握手,如平生欢"。但是现下通行的握手,并非古礼,既无明文规定,亦无此习俗。大概还是剃了小辫以后的事,我们不能说马援和公孙述握过手便认为是过去有此礼节的明证。

西装革履我们都可以忍受,简便易行而且惠而不费的握手我们当然无须反对。不过有几种人,若和他握手,会感觉痛苦。第一是做大官或自以为做大官者,那只手不好握。他常常挺着胸膛,伸出一只巨灵之掌,两眼望青天,等你趁上去握的时候,他的手仍是直僵地伸着,他并不握,他等着你来握。你事前不知道他是如此爱惜气力,所以不免要热心地迎上去握,结果是孤掌难鸣,冷潇潇地讨一场没趣。而且你要及早罢手,赶快撒手,因为这时候他的身体已转向另一个人去,他预备的那巨灵之掌给另一个人去握——不是握,是摸。对付这样的人只有一个办法,便是,你也伸出一只巨灵之掌,你也别握,和他作"打花巴掌"状,看谁先握谁!

另一种人过犹不及。他握着你的四根手指,恶狠狠一挤,使你痛彻脏腑,如果没有寒暄之语偕以俱来,你会误以为他是要和你角力。这种人通常有耐久力,你入了他的掌握,休想逃脱出来。如果你和他很有交情,久别重逢,情不自禁,你关节虽然痛些,我相信你会原谅他的。不过通常握手用力最大者,往往交情最浅。他是要在向你使压力的时候使你发生一种错觉以为此人待我特善。其实他是握了谁的手都是一样卖力。如果此人曾在某机关做过干事之类,必能一面握手,一面在你的肩头重重再拍一下子:"哈喽,哈喽,怎样呀?"

单就握手时的触觉而论,大概愉快时也就不多,春笋般的纤纤玉指,世上本来少有,更难得一握,我们常握的倒是些冬笋或笋干之类,虽然上面更常有蔻丹的点缀,反倒还不如熊掌。狄更斯的《大卫·科波菲尔》里的乌利亚,他的手也是令人不能忘的,永远是湿津津的冷冰冰的,握上去像是五条鳝鱼。手脏一点无妨,因为握前无暇检验,唯独带液体的手不好握,因为事后不便即揩,事前更不便先给他揩。

"有一桩事，男人站着做，女人坐着做，狗翘起一条腿儿做。"这桩事是——是握手，和狗行握手礼，我尚无经验，不知狗爪是肥是瘦，亦不知狗爪是松是紧，姑置不论。男女握手之法不同。女人握手无须起身，亦无须脱手套，殊失平等之旨，尚未闻妇女运动者倡议纠正。在外国，女人伸出手来，男人照例只握手尖，约一英寸至二英寸，稍握即罢，这一点在我们中国好像禁忌少些，时间空间的限制都不甚严。

朋友相见，握手言欢，本是很自然的事，有甚于握手者，亦未曾不可，只要双方同意，与人无涉。唯独大庭广众之下，宾客环坐，握手势必普遍举行，面目可憎者，语言无味者，想饱以老拳尚不足以泄愤者，都要一一亲炙，皮肉相接，在这种情形之下握手，我觉得是一种刑罚。

《哈姆雷特》中波娄尼阿斯诫其子曰："不要为了应酬每一个新交而磨粗了你的手掌。"我们是要爱惜我们的手掌。

与你共品
yu ni gong pin

　　本文选自《雅舍小品》。本文以调侃的方式嘲讽了国人的以传统为荣的不正常心态，剖析了人际交往中的人情世态，暗含褒贬。阅读此文，要认真体会作者叙议结合的表达方式。

个性独悟
ge xing du wu

　　★"剃了小辫以后"是指什么时候？开头一段在全文中的作用是什么？

　　★第三自然段中"寒暄之语惜以俱来"意思是什么？

　　★"通常握手用力最大者，往往交情最浅"一句蕴含的意思是什么？

★文中最后一段《哈姆雷特》中波姜尼阿斯诫其子的一句话的含义是什么？指出《大卫·科波菲尔》作者狄更斯的国籍和《哈姆雷特》的作者及国籍。

快乐阅读
kuai le yue du

荷包蛋 / ···笑 生

一天早晨，父亲做了两碗荷包蛋面条。一碗蛋卧上边，一碗上边无蛋。端上桌，父亲问儿子：

"吃哪一碗？"

"有蛋的那碗！"儿子指着卧蛋的那碗。"让爸吃那碗有蛋的吧！"父亲说，"孔融7岁让梨，你10岁了，该让蛋吧！"

"孔融是孔融，我是我——不让！"儿子态度坚决。

"真不让？"

"真不让！"儿子一口就把蛋咬了一半。

"别后悔？"

"不后悔！"儿子又一口，把蛋吞了下去。待儿子吃完，父亲开始吃。当然，父亲碗里藏了两个荷包蛋，儿子看得分明。

"记住：想占便宜的人，往往占不到便宜！"父亲指着碗里的两个荷包蛋告诫儿子。

儿子显出一脸的无奈。

第二次,那是个星期天上午,父亲又做了两碗荷包蛋面条。一碗蛋卧在上边,一碗上边无蛋。端上桌,问儿子:"吃哪碗?"

"孔融让梨,我让蛋!"儿子笑着端起了无蛋的那碗。

"不后悔?"

"不后悔!"儿子说得坚决。

儿子吃到底,也不见一个蛋。父亲的碗里,上卧一个,下藏一个,儿子看得分明。

"记住,想占便宜的人,可能要吃亏!"

父亲指着蛋教训儿子说。

第三次,父亲又做了两碗荷包蛋面条,还是一碗蛋卧上边,一碗上边无蛋。

父亲问儿子:"吃哪碗?"

"孔融让梨,儿子让面——爸爸您是大人,您先吃!"儿子手一挥做"绅士"状。

"那就不客气啦!"父亲端过上边卧蛋的那碗,儿子发现了自己碗里面也藏卧着荷包蛋。

"不想占便宜的人,生活也不会让你吃亏!"父亲意味深长地对儿子说。

与你共品

yu ni gong pin

这是一个涉及家庭生活,富有人生哲理的故事:儿子总想吃面条中的荷包蛋,而父亲一次又一次地使他失望,最后,当儿子做了一次"绅士"之后,如愿以偿地吃到了荷包蛋。它告诉我们,一心想占便宜,不仅占不到便宜,反而要吃亏;待人真诚,不怕吃亏,将会得到生活的回报。

小说情节由父子三次吃荷包蛋面条构成。三次吃面过程简单而单一,都由"做面——询问——吃面——总结"的发展构成,但每次都写得有变化,一次比一次显得深刻,结构层次分明,逐层推进。

小说对人物语言的描写虽不多,却能刻画出人物个性。尤其是父亲每次总结性的语言,带有格言风味,既是教训儿子,也是揭示人生哲理;三次语言有同有异,不断深化,较好地为表现主题服务。

个性独悟
ge xing du wu

★"孔融让梨"的典故出自哪里？，这一典故的寓意是什么？父亲借用这一典故的用意又是什么？

★父亲三次做荷包蛋和他三次对儿子的教训是颇动了一番脑筋的，你怎么理解？

★作者是怎样描写儿子三次吃面中的动作神态的？有什么作用？在作文中你会运用吗？

快乐阅读
kuai le yue du

真假单纯／ · · · ［法］弗朗索瓦·费奈隆

单纯是灵魂中一种正直无私的品质。与真诚比起来，单纯显得更高尚，更纯洁。许多人真挚诚恳，却不单纯 。他们怕遭人误解，唯恐自己的形象受到损害。他们时时关注自己，反躬自省，处处斟词酌句、谨慎小心。待人接物他们总担心过头，又怕有所不足。这些人真心诚恳，却不单纯。他们难以同人坦然相处，别人对他们小心拘谨。他们的弱点在于不坦率、不随意、不自然。而我们则更宁愿同那些谈不上多么正直多么完美，却没有虚情矫饰的人结交相处。这几乎已成为世人的一条准则，上帝似乎也以此为标准对人作出判断。上帝不希望我们如对镜整容一般，用太多的心思来审视自身。

但是，完全注意他人而放弃自省亦是一种盲目状态。处于这种状态的人只全神贯注于眼前事物以及个人的感受，而这正是单纯的反面。下面是两类正好相反的事例：其一是无论效力于同类还是上帝，均全身心地忘我投入；另一类是自以为含蓄聪颖，自我意识强烈，而一旦他得意自满的情绪受到外界干扰，便会魂不守舍，心烦意乱。因此，这是虚假的聪明，乍一看冠冕堂皇，实际上与

走过心灵的脚步没有声音

单纯追求享乐的行为同样愚蠢。前者目光短浅,只陶醉于眼前的事物;后者却过分看重自身,陶醉于内心的占有。这两者都充满虚妄。相比起来,只注重内心的冥思独想比全神贯注于眼前事物更为有害,因为它貌似聪明而实则愚蠢,而且,它常诱人误入歧途,自以为是,引一孔之见为至上光荣。它使我们受着不自然的情绪的支配,让我们陷入一种盲目的狂热,自认为体魄强健,实则已病入膏肓。

单纯需要适度,我们身处其中既不过度激动,亦不过分沉静。我们的灵魂不会因为过于注重外界事物而无暇做必要的内心自审,亦不必时时注重自我,使一心维护个人形象的戒备之心扩张膨胀。要是我们的灵魂能挣脱羁绊,直视伸展的道路,不将宝贵的时间浪费在权衡研究脚下的步伐上,或者对已逝的岁月频频回头,那我们就拥有了真正的单纯。

与你共品
yu ni gong pin

弗朗索瓦·费奈隆(1651~1715),法国著名科学家、作家。

本文辩证地分析了何谓真假单纯,怎样才能拥有真正意义上的单纯。文章没有使用心理学专家们的难懂的理论,摄入文中的都是真假单纯者的具体的形象和特点。在辨析真假单纯时,作者把真正意义上的单纯与真挚诚恳与完全放弃自省相比较,将真挚诚恳、放弃自省的误区逐一点明,最后明确指出:灵魂挣脱羁绊,既不要画地为牢,又不要目光短浅,醉心于眼前,就可以"直视伸展的道路",就会"适度",就拥有了真正的单纯。

文题比较抽象,可作者用寥寥几百字,将论题阐述得清晰、严谨,尤其是结尾,不但总结收束了全文,也是对论题的更深层论述,可谓豹尾,值得鉴赏学习。

个性独悟
ge xing du wu

★作者为什么说只注重内心的冥思独想要比全神贯注于眼前事物更为有害？

★作者认为人们要不要审视自身？内心自审应当注意什么？

★结合文章，我们对待那些不自然、不坦率、不随意的人，应如何做？

★作者说许多人真挚诚恳，真心诚恳，却又说他们虚情矫饰，说法是否矛盾，为什么？

快乐阅读
kuai le yue du

游戏气节 / ···嫣　然

儿子忽然向我要《三国演义》来看，让我吃了一惊。问他原因，他说现在正在玩一个叫作"烽火三国"的游戏。本来我一直反对电脑游戏，觉得那纯粹是误人子弟，但如今看到电脑游戏能让一个 11 岁的孩子自觉自愿地读"三国"，于是觉得这些游戏也不是一无是处。

只听孩子边玩边说："奇怪了，为什么武安国被抓住之后招降了三次就归顺了，而这个孔融就怎么也招降不了呢？"

我问他用什么方法招降，他笑我笨："你怎么连这个都不知道？用金子呗，用 500 两金子就能招降一次。第一次招降武安国的时候，给了他 500 两金子，他说：'你乃叛军之徒，吾安能降你？'第二次招降的时候又给了他 500 两，他又说：'一臣不事二主，焉能降你？'第三次又给了他 500 两，他就不这么说了，他说：'吾三生有幸，愿跟随大人一生一世。'就投降了。"

儿子继续往下说，"你说这个孔融怎么就招降不了呢？我现在已经招降了 8 次，花了 4000 两黄金了，孔融还是不降，这是怎么回事呢？"

走过心灵的脚步没有声音

　　我听了大喜,告诉他:"孔融是文人,文人不爱黄金,讲究的是气节。气节,你懂吗?"

　　儿子显然没把我的话听进去,仍一门心思忙着招降孔融,甚至把他的兵马粮草都卖了换成黄金。

　　我不跟他一般见识,开始从我的书橱里翻书,"孔融让梨"他老早就知道了,不用再找,我要给他找文人的气节,找管宁割席、赵广拒画,想等一会儿给他好好上一课。

　　我在这边忙活,儿子也没闲着,只听他在那边自言自语:"怎么都1万两黄金了还不行呢? 都21次了,孔融再不投降我就要破产了! "

　　他在那边着急,我在这里窃笑:小子,文人都是有信仰的,黄金有什么用?

　　抱着一堆书过去正准备给儿子开讲,却听到儿子大声地欢呼:"成功了! 我一共花了11500两黄金,招降到第23次,孔融说了:'承蒙厚爱,大人德高望重,小人愿效犬马之劳。'"

　　我一听,傻在半道,手里的书掉下来,把脚砸得生疼。

与你共品
yu ni gong pin

　　　气节指的是人的志气和节操,那么,"游戏气节"是指"游戏中的一种气节",还是"将'气节'游戏了一番"呢? 读了本文,也许你会有自己的思考。

个性独悟
ge xing du wu

★在对待"招降孔融"的问题上,"我"和儿子的看法有何不同?

★儿子最终招降孔融用的是什么办法? 他的胜利说明了什么问题?

★你如何理解文章的题目"游戏气节"?

论私德（节录）/ ··· 梁启超

花开花落

吾自去年著《新民说》，其胸中所怀抱欲发表者，条目不下数十，而以《公德篇》托始焉。论德而别举其公焉者，非谓私德之可以已。谓夫私德者，当久已为尽人所能解悟能践履，抑且先圣昔贤，言之既已圆满纤悉，而无待末学小子之哓哓词费也。乃近年以来，举国嚣嚣靡靡，所谓利国进群之事业一二未睹，而末流所趋，反贻顽钝者以口实，而曰新理想之贼人子而毒天下。噫！余又可以无言乎。作《论私德》。

一、私德与公德之关系

私德与公德，非对待之名词，而相属之名词也。斯宾塞之言曰：凡群者皆一之积也。所以为群之德，自其一之德而已定。群者谓之拓都，一者谓之么匿。拓都之性情形制，么匿为之；么匿之所本无者，不能从拓都而成有；么匿之所同具也，不能以拓都而忽亡。谅哉言乎！夫所谓公德云者，就其本体言之，谓一团体中人公共之德性也；就其构成此本体之作用言之，谓个人对于本团体公共观念所发之德性也。夫聚群盲不能成一离娄，群聚聋不能成一师旷，聚群怯不能成一乌获。故一私人而无所私有之德性，则群此百千万亿之私人，而必不能成公有之德性，其理至易明也。盲者不能以视于众而忽明，聋者不能以听于众而忽聪，怯者不能以战于众而忽勇。故我对于我而不信，而欲其信于待人，一私人对于一私人之交涉而不忠，而欲其忠于团体，无有是处，此其理又至易明也。若是乎今之学者日言公德，而公德之效弗睹者，亦曰国民之私德，有大缺点云尔。是故欲铸国民，必以培养个人之私德为第一义；欲从事于铸国民者，必以自培养其个人之私德为第一义。

且公德与私德，岂尝有一界线焉，区划之为异物哉。德之所由起，起于人与人之有交涉。而对于少数之交涉与对于多数之交涉，对于私人之交涉与对于公人之交涉,其客体虽异,其主体则同。故无论泰东、泰西之所谓道德,皆谓其有赞于公安公益者云尔,其所谓不德,皆谓其有戕于公安公益者云尔。公云私云,不过假立之一名词,以为体验践履之法门。就泛义言之,则德一而已,无所谓公私,就析义言之,则容有私德醇美,而公德尚多未完者,断无私德浊下,而公德可以袭取者。孟子曰:"古之人所以大过人者无他焉,善推其所为而已矣。"公德者私德之推也,知私德而不知公德,所缺者只在一推;蔑私德而谬托公德,则并所以推之具而不存也。故养成私德,而德育之事思过半焉矣。

二、私德堕落之原因

私德之堕落,至今日之中国而极。其所以致此之原因,甚复杂不得悉数,当推论其大者得五端:

(一)由于专制政体之陶铸也。孟德斯鸠曰:"凡专制之国,间或有贤明之主,而臣民之有德者则甚希。试征诸历史,乃君主之国,其号称大臣近臣者,大率毕庸劣卑屈嫉妒阴险之人,此古今东西之所同也。不宁唯是,苟在上者多行不义,而居下者守正不阿,贵族专尚诈虞,而平民独崇廉耻,则下民将益为官长欺诈所鱼肉矣。故专制之国。无论上下贵贱,一皆以变诈倾巧相遇,盖有迫之使不得不然者矣。若是乎专制政体之下,固无所用其德义,昭昭明甚也。"夫既竞天择之公例,唯适者乃能生存。吾民族数千年生息于专制空气之下,苟欲进取,必以诈伪,苟欲自全,必以卑屈。其最富于此两种性质之人,即其在社会上占最优胜之位置者也,而其稍缺乏者,则以劣败而澌灭,不复能传其种于来裔者也。是故先天之遗传,盘踞于社会中而为其公共性,种子相熏,日盛一日,虽有豪杰,几难自拔,盖此之由。不宁唯是,彼局蹐于专制之下,而全躯希宠以自满足者不必道,即有一二达识热诚之士,苟欲攘臂为生民请命,则时或不得不用诡秘之道,时或不得不为偏激之行。夫其人而果至诚也,犹可以不因此而磷缁也,然习用之,则德性之漓,固已多矣;若根性稍薄弱者,几何不随流而沉泪也。夫所谓达识热诚欲为生民请命者,岂非一国中不可多得之彦哉。使其在自由国,则大政治家、大教育家、大慈善家以纯全之德性,温和之手段,以利其群者也,而今乃迫之使不得不出于此途,而因是堕落者十八九焉。嘻!是殆不足尽以为斯人咎也。

(二)由于近代霸者之摧锄也。夫其所受于数千年之遗传者既如此矣,而此数千年间,亦时有小小之污隆升降,则帝者主持而左右之,最有力焉。西哲之言曰，专制之国，君主万能，非虚言也。顾亭林之论世风，谓东汉最美，炎宋次之，而归功于光武、明、章，艺祖、真、仁。(《日知录》卷十三云：汉自孝武表章六经之后，师儒虽盛而大义未明，故新莽居摄，颂德献符者遍天下。光武有鉴于此，乃尊崇节义，敦厉名实，所举用者莫非经明行修之士，而风俗为之一变。至其末造，朝政昏浊，国事日非，而党锢之流独行之辈，依仁蹈义，舍命不渝，风雨如晦，鸡鸡不已，三代以下，风俗之美无尚于东京者。又云：《宋史》言士大夫忠义之气至于五季变化殆尽，艺祖首褒韩通，次表卫融，以示意向，真、仁之世，田锡、王禹偁、范仲淹、欧阳修诸贤以直言谠论倡于朝，于是中外荐绅知以名节为高，廉耻相尚，尽去五季之陋。故靖康之变，士投袂起而勤王，临难不屈，所在有之。及宋之亡，忠节相望。)且从而论之曰："观哀、平之可以变而为东京，五代之可以变而为宋，则知天下无不可变之风俗。"此其言虽于民德污隆之总因或有所未尽乎，然不得不谓为重要关系之一端矣。尝次考三千年来风俗之差异，三代以前邈矣弗可深考，春秋时犹有先王遗民，自战国涉秦以逮西汉，而懿俗顿改者，集权专制之趋势，时主所以刍狗其民者，别有术也。战国虽混浊，而犹有任侠尚气之风，及汉初而摧抑豪强，朱家、郭解之流，渐为时俗所姗笑，故新莽之世，献符阉媚者遍天下，则高、惠、文、景之播其种也。至东汉而一进，则亭林所论，深明其故矣。及魏武既有冀州，崇奖跅弛之士，于是权诈迭进，奸伪萌生(建安廿二年八月下令，求负污辱之名，见笑之、行不仁不孝而有治国用兵之术者。)，光武、明、章之泽，扫地殆尽，每下愈况，至五季而极。千年间民俗之靡靡，亦由君主之淫乱有以扬其波也。及宋乃一进。艺祖以检点作天子，颇用专制力，挫名节以自固(君臣坐而论道之制至宋始废。盖范质辈与艺祖并仕周，位在艺祖上，及入宋为宰相，而远嫌自下也。)，而真、仁守文，颇知大体，提倡士气，宋俗之美其大原因固不在君主，而君主亦与有力焉。胡元之篡，衣冠涂炭，纯以游牧水草之性弛骤吾民，故九十年间暗无天日。及明而一进。明之进也，则非君主之力也。明太祖以刻鸷之性，摧锄民气，戮辱臣僚，其定律至立不为君用之条，令士民毋得以名节自保，以此等专制力所挫抑，宜其恶果更烈于西汉，而东林复社，舍命不渝，鼎革以后，忠义相属者，则其原因别有在也。下逮本朝，顺康间首开博学鸿词以絷遗逸，乃为《贰臣传》以辱之，晚明士气斫丧渐尽。及夫雍乾，主权者以悍鸷阴险之奇才，行操纵驯扰之妙术，摭拾文字小故以兴冤狱，廷辱大臣耆宿以蔑廉耻 (乾隆六十年中大学士尚侍供奉诸大员无一人不曾遭黜辱者)，又大为《四库提要》《通鉴辑览》等书，排斥道学，贬绝节义，自魏武以后，未有敢明目张胆变乱黑白如斯其甚者也。然彼犹直师商、韩六虱之教，而人人皆得喻其非,此乃阴托儒术刍狗之言,而一代从而迷其信。呜呼,何意百炼钢,化为绕指柔。百余年前所播之恶果,今正荣滋稔熟,而我民族方刈之,其秽德之复千古而绝五洲,岂偶然哉! 岂偶然哉!

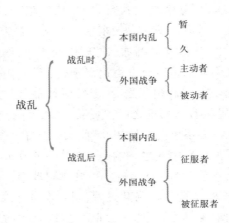

(三)由于屡次战败之挫沮也。国家之战乱与民族之品性最有关系,而因其战乱之性质异,则其结果亦异。

内乱者,最不祥物也。凡内乱频仍之国,必无优美纯洁之民。当内乱时,其民必生六种恶性:一曰侥幸性。才智之徒,不务利群,而唯思用险鸷之心术,攫机会以自快一时也。二曰残忍性。草薙禽狝之既久,司空见惯,而曾不足以动其心也。三曰倾轧性。彼此相阋,各欲得而甘心,杯酒戈矛,顷刻倚伏也。此三者桀黠之民所含有性也。四曰狡伪性。朝避猛虎,夕避长蛇,非营三窟,不能自全也。五曰凉薄性。一身不自保,何况恋妻子,于至亲者尚不暇爱,而遑论能爱人,故仁质研丧渐灭以至于尽也。六曰苟且性。知我如此,不如无生,暮不保朝,假日偷乐,人人自危,无复远计,驯至与野蛮人之不知将来者无以异也。此三者柔良之民所含有性也。当内乱后,其民亦生两种恶性:一曰恐怖性。痛定思痛,梦魂犹噩,胆汁已破,勇气全销也。二曰浮动性。久失其业,无所依归,秩序全破,难复故常也。故夫内乱者最不祥物也。以法国大革命为有史以来惊天动地之一大事业,而其结果乃至使全国之民互相刲刃于其腹,其影响乃使数十年以后之国民失其常度,史家波留谓法国至今不能成完全之民政,实由革命之役研丧元气太过,殆非虚言也。

内乱之影响,则不论胜败,何也?胜败皆在本族也。故恢复平和之后,无论为新政府旧政府,其乱后民德之差异,唯视其所以劳来还定补救陶冶者何如。而暂乱偶乱者,影响希而补救易,久乱频乱者,影响大而补救难。此其大较也。

若夫对外之战争则异是。其为主动以伐人者,则运用全在军队,而境内安堵焉,唯发扬其尚武之魂,鼓舞其自尊之念。故西哲曰:战争者,国民教育之一条件也,是可喜而非可悲者也。其为被动而伐于人者,其影响虽与内乱绝相类,而可以变侥幸性为功名心,变残忍性为敌忾心,变倾轧性而为自觉心,乃至变狡伪性而为谋敌心,变凉薄性而为敢死心,变苟且性而为自保心。何也?内乱则已无所逃于国中,而唯冀乱后之还定,外争则决生死于一发,而怵于后时之无可回复也。

故有利用敌国外患以为国家之福者,虽可悲而非其至也。外争而自为征服者,则多战一次,民德可高一级。德人经奥地利之役,而爱国心有加焉,经法兰西之役,而爱国心益有加焉。日本人于朝鲜之役中国之役亦然。皆其例也。若夫战败而为被征服者,则其国民固有之性可以骤变忽落而无复痕迹。夫以斯巴达强武之精神,照耀史乘,而何以屈服于波斯之后,竟永为他族藩属,而所谓军国民之纪念竟可不复睹也。波兰当十八世纪前,泱泱几霸全欧,何以一经瓜分后,而无复种民固有之特性也。燕赵古称多慷慨悲歌之士,今则过于其市,顺民旗飘飏焉,问昔时屠狗者,阒如矣。何也?自五胡、元、魏、安史、契丹、女真、蒙古、满洲以来,经数百年六七度之征服,而本能湮没尽矣。

夫在专制政体之下,既已以卑屈诈伪两者为全身进取之不二法门矣,而况乎专制者之复非我族类也。故夫内乱与被征服二者有一于此,其国民之人格皆可以日趋卑下。而中乃积数千年内乱之惯局,以脓血充塞历史,日伐于人而未尝一伐人,屡被征服而不克一自征服,此累变累下种种遗传之恶性,既已弥漫于社会,而今日者又适承洪杨十余年惊天动地大内乱之后,而自欧势东渐以来,彼征服者又自有其征服者,且匪一而五六焉,日瞬耽于我前,国民之失其人性,殆有由矣。

(四)由于生计憔悴之逼迫也。管子曰:"仓廪实而知礼节,衣食足而知荣辱。"孟子曰:"民无恒产,斯无恒心,既无恒心,放辟邪侈,救死不赡,奚暇礼义!"呜呼,岂不然哉!岂不然哉!并世之中,其人格最完善之国民,首推英美,次则日耳曼。之三国者,皆在全球生计界中占最高之位置者也。西班牙、葡萄牙人,在数百年前深有强武活泼沉毅严整之气度,今则一一相反,皆由生计之日蹙为之也。其最劣下者,若泰东之朝鲜人、安南人,则生计最穷迫不堪之民也。

俄罗斯政府,以鹰瞵虎视之势震慑五陆,而其人民称罪恶之府,黑暗无复天日,(日本人有《露西亚亡国论》穷形尽相。)亦生计沉窘之影响也。彼虚无党以积年游说煽动之力,而不能得多数之同情,乃不得已而出于孤往凶险之手段,亦为此问题所困也。日本政术几匹欧美,而社会道德百不逮一,亦由其富力之进步与政治之进步不相应也。夫世无论何代,地无论何国,固莫不有其少数畸异绝俗之士,既非专制魔力所能束缚,亦非恒产困乏所能消磨。虽然,不可以律众人也。多数之人民,必其于仰事俯蓄之外而稍有所余裕,乃能自重而惜名誉,泛爱而好慈善,其脑筋有余力以从事于学问,以养其高尚之理想,其日力有余暇以计及于身外,以发其顾团体之精神。而不然者,朝饔甫毕,而忧夕飧,秋风未来,而泣无褐,虽有仁质,岂能自冻馁以念众生,虽有远虑,岂能舍现在以谋将来!西人群学家言,谓文明人与野蛮人之别,在公共思想之有无与未来观念之丰缺,而此两者所以差异之由,则生计之舒蹙,其尤著者也。故贪鄙之性,褊狭之性,凉薄之性,虚伪之性,谄阿之性,暴弃之性,偷苟之性,强半皆由生计憔悴造之。生计之关系于民德,如是其切密也。我国民数千年来,困于徭役,困于灾疠,困于兵燹,其得安其居乐其业者,既已间代不一觏,所谓虚伪、褊狭、贪鄙、凉薄、谄阿、暴弃、偷苟之恶德,既已经数十世纪,受之于祖若宗社会之教育。降及现世,国之母财,岁不增殖,而宫廷土木之费,官吏苞苴之费,恒数倍于政府之岁入,国民富力之统计,每人平均额不过七角一分有奇(据日本横山雅男氏之统计调查,日币七十钱有奇。),而外债所负,已将十万万两(利息在外),以至有限之物力,而率变为不可复之母财,若之何民之可以聊其生也。而况乎世界生计竞争之风潮席卷而来,而今乃始发轫也。民国之腐败堕落,每下愈况,呜呼,吾未知其所终极矣。

　　(五)由于学术匡救之无力也。彼四端者,养成国民大多数恶德之源泉也。然自古移风易俗之事,其目的虽在多数人,其主动恒在少数人,若缺于彼而有以补于此,则虽敝而犹未至其极也。东汉节义之盛,光武、明章之功虽十之三,而儒学之效实十之七也,唐之与宋,其专制之能力相若,其君主之贤否亦不甚相远,而士俗判若天渊者,唐儒以辞章浮薄相尚,宋儒以道学廉节为坊也。魏晋六朝之腐败,原因虽甚杂复,而老庄清谈宗派,半尸其咎也。明祖刻薄寡恩,挫抑廉隅,达于极点,而晚明士气冠前古者,王学之功不在禹下也。然则近今两百年来民德污下之大原,从可睹矣。康熙博学鸿词诸贤,率以耆宿为海内宗仰,而皆自污贬。兹役以后,百年来支配人心之王学,扫荡靡存。船山、梨洲、夏峰、二曲之徒,抱绝学,老岩穴,统遂斩矣。而李光地、汤斌,乃以朱学闻。以李之忘亲背交，职为奸谀，(李给郑成功以覆明祀，前人无讥，全谢山始河之。)汤之柔媚取容，欺罔流俗，(汤斌虽贵，而食不御炙鸡，帷帐不过皁绹。尝奏对出语人曰：生平未尝作如此欺人语，后为圣祖所觉，盖公孙弘之流也。)而以为一代开国之大儒，配食素王，末流所鼓铸，岂待问矣。后此则陆陇其、陆世仪、张履祥、方苞、徐乾学辈，以婑婀夸毗之学术，文致期奸，其人格殆犹在元许衡、吴澄之下，所谓《国朝宋学渊源记》者，殆尽于是矣。而乾嘉以降，阎、王、段、戴之流，乃标所谓汉学者以相夸尚，排斥宋明，不遗余力。夫宋明之学，曷尝无缺点之可指摘，顾吾独不许鲁莽灭裂之汉学家容其喙也。彼汉学则何所谓学？昔乾隆间内廷演剧，剧曲之大部分则诲乱也，诲淫也，皆以触忌讳被呵谴，不敢进，乃专演神怪幽灵牛鬼蛇神之事，既借消遣，亦无怨尤。吾见夫本朝二百年来学者之所学，皆牛鬼蛇神类耳，而其用心亦正与彼相等。盖王学之激扬蹈厉，时主所最恶也，乃改而就朱学；朱学之严正忠实，犹非时主之所甚喜也，乃更改而就汉学。若汉学者，则立于人间社会以外，而与二千年前地下之僵石为伍，虽著述累百卷，而绝无一伤时之语，虽辩论千万言，而皆非出本心之谈，藏身之固，莫此为妙。才智之士既得此以为阿世盗名之一密钥，于是名节闲检，荡然无所复顾。故宋学之敝，犹有伪善者流，汉学之敝，则并其伪者而亦无之。何也？彼见夫盛名鼎鼎之先辈，明目张胆以为乡党自好者所不为之事，而其受社会之崇拜享学界之尸祝自若也，则更何必自苦以强为禹行舜趋之容也。昔王鸣盛(著《尚书后案》《十七史商榷》等书，汉学家之巨子也。)尝语人曰："吾贪赃之恶名，不过五十年，吾著书之盛名，可以五百年。"此二语者，直代表全部汉学家之用心矣。庄子曰："哀莫大于心死。"汉学家者，率天下而心死者也。此等谬种，与八股同毒，盘踞于二百余年学界之中心，直到甲午、乙未以后，而其气焰始衰。而此不痛不痒之世界既已造成，而今正食其报。耗矣哀哉！

五年以来，海外之新思想，随列强侵略之势力以入中国，始为一二人倡之，继焉千百人和之。彼其倡之者，固非必尽蔑旧学也，以旧学之简单而不适应于时势也，而思所以补助之，且广陈众义，促思想自由之发达，以求学者之自择。而不意此久经腐败之社会，遂非文明学说所遽能移植。于是自由之说入，不以之增幸福，而以之破秩序；平等之说入，不以之荷义务，而以之蔑制裁；竞争之说入，不以之敌外界，而以之散内团；权利之说入，不以之图公益，而以之文私见；破坏之说入，不以之箴膏肓，而以之灭国粹。斯宾塞有言："衰世虽有更张，弊泯于此者，必发于彼，害消于甲者，将长于乙。合通群而核之，弊政害端，常自若也。是故民质不结，祸害可以易端，而无由禁绝。"呜呼！吾观近年来新学说之影响于我青年界者,吾不得不服斯氏实际经验之言,而益为我国民增无穷之沉痛也。夫岂不拔十得一,能食新思想者之利者,而所以偿其弊殆仅矣。《记》曰:"甘受和,白受采,忠信之人,可与学礼。"又曰:"橘在江南为橘,过江北则为枳。"夫孰意彼中最高尚醇美利群进俗之学说,一入中国,遂被其伟大之同化力汩没而去也! 要而论之,魏晋间清谈,乾嘉间之考据,与夫现今学子口头之自由、平等、权利、破坏,其挟持绝异,其性质则同。而今之受痼愈深者,则以最新最有力之学理,缘附其所近受远受之恶性恶习,拥护而灌溉之。故有清二百年间民德之变迁,在朱学时代,有伪善者,犹知行恶之为可耻也;在汉学时代,并伪焉者而无之,则以行恶为无可耻也;及今不救,恐后此欧学时代,必将有以行恶为荣者,今已萌芽于一小部分之青年矣。夫至以行恶为荣,则洪水猛兽足喻斯惨耶! 君子念此肤粟股栗矣!

三、私德之必要

私德者,人人之粮,而不可须臾离者也。虽然,吾之论著,以语诸大多数不读书不识字之人,莫予喻也。即以语诸少数读旧书识旧字之人,亦莫予闻也,于是吾忠告之所得及, 不得不限于少数国民中之最少数者。顾吾信夫此最少数者,其将来势力所磅礴,足以左右彼大多数者而有余也。吾为此喜,吾为此惧,吾不能已于言。

今日跅弛俊发有骨鲠有血性之士,其所最目眩而心醉者,非破坏主义耶?破坏之必能行于今之中国与否为别问题,姑勿具论。而今之走于极端者,一若唯建设为需道德,而破坏则无需道德,鄙人窃以为误矣。古今建设之伟业,固莫不含有破坏之性质,古今破坏之伟人,亦靡不饶有建设之精神,实则破坏与建设,相倚而不可离,而其所需之能力,二者亦正相等。苟有所缺,则靡特建设不可得期,即破坏亦不可得望也。今之言破坏者,动引生计学上分劳之例,谓吾以眇眇之躬,终不能取天下事而悉任之,吾毋宁应于时势而专任破坏焉,既破坏以后,则建设之责,以俟君子,无待吾过虑也。此其心岂不廓然而大公也耶? 顾吾以为不唯于破坏后当有建设,即破坏前亦当有建设。苟不尔者,则虽日言破坏,而破坏之目的终不得达。何也? 群学公例,必内固者乃能外竞。一社会之与他社会竞也, 一国民之与他国民竞也, 苟其本社会本国之机体未立之营卫未完,则一与敌遇而必败,或未与敌遇而先自败。而破坏主义之性质,则以本社会本国新造力薄之少数者, 而悍然与彼久据力厚之多数者为难也, 故不患敌之强,而唯患我之弱。我之所恃以克敌者何在？在能团结一坚固有力之机体而已。然在一社会,一国家,承累年积世之遗传习惯,其机体由天然发达,故成之尚易。在一党派则反是,前者无所凭借,并世无所利用,其机体全由人为发达,故成之最难。所谓破坏前之建设者,建设此而已。苟欲得之,舍道德奚以哉!

今之言破坏者,动曰一切破坏,此讆言也。吾辈曷为言破坏?曰:去其病吾社会者云尔。如曰一切破坏也,是将并社会而亦破坏之也。譬诸身然,沉疴在躬,固不得不施药石,若无论其受病不受病之部位,而一切针灸之攻泄之,刚直自杀而已!吾亦深知夫仁人志士之言破坏者,其目的非在破坏社会,而不知"一切破坏"之言,既习于口而印于脑,则道德之制裁已无可复施,而社会必至于灭亡。吾亦深知夫仁人志士之言破坏者,实鉴于今日之全社会,几无一部分而无病态也,愤慨之极,必欲翻根底而改造之。斯固然也。然疗病者无论下若何猛剂,必须恃有所谓"元神真火"者,以为驱病之原,苟不尔者,则一病未去,他病复来,而后病必更难治于前病,故一切破坏之言,流弊千百,而收效卒不得一也。何也?苟有破坏者有不破坏者,则其应破坏之部分,尚可食破坏之利,苟一切破坏,则不唯将来宜成立者不能成立,即目前宜破坏者亦卒不得破坏,此吾所敢断言也。吾畴昔以为中国之旧道德,恐不足以范围今后之人心也,而渴望发明一新道德以补助之,由今以思,此直理想之言,而绝非今日可以见诸实际者也。夫言群治者,必曰德,曰智,曰力,然智与力之成就甚易,唯德最难。今欲以一新道德易国民,必非徒以区区泰西之学说所能为力也,即尽读苏格拉底、柏拉图、康德、黑格尔之书,谓其有"新道德学"也则可,谓其有"新道德"也则不可。何也?道德者行也,而非言也,苟欲言道德也,则其本原出于良心之自由,无古无今无中无外,无不同一,是无有新旧之可云也。苟欲行道德也,则因于社会性质之不同,而各有所受。其先哲之微言,祖宗之芳躅,随此冥然之躯壳,以遗传于我躬,斯乃一社会之所以为养也,一旦突然欲以他社会之所养者养我,谈何容易耶!窃尝举泰西道德之原质而析分之,则见其得自宗教之制裁者若干焉,得自法律之制裁者若干焉,得自社会名誉之制裁者若干焉。而此三者,在今日之中国能有之乎?吾有以知其必不能也。不能而犹云欲以新道德易国民,是所谓磨砖为镜、炊沙求饭也。吾固知言德育者,终不可不求泰西新道德以相补助,虽然,此必俟诸国民教育大兴之后,而断非一朝一夕所能获。而在今日青黄不接之顷,则虽日日闻人说食,而已终不能饱也。况今者无所挟持以为过渡,则国民教育一语,亦不过托诸空言,而实行之日终不可期,是新道德之输入,因此遂绝望也。然则今日所恃以维持吾社会于一线者何在乎?亦曰吾祖宗遗传固有之旧道德而已。(道德与伦理异,道德可以包伦理,伦理不可以尽道德。伦理者或因于时势而稍变其解释,道德则放诸四海而皆准,俟诸百世而不惑者也。如要君之为有罪,多妻则非不德,此伦理之不宜于今者也,若夫忠之德、爱之德,则通古今中西而为一者也,诸如此类不可枚举。故谓中国言伦理有缺点则可,谓中国言道德有缺点则不可。)而"一切破坏"之论兴,势必将并取旧道德而亦摧弃之。呜呼!作始也简,将毕也巨。见披发于伊川,知百年而为戎。毋曰"吾姑言之以快一时"云尔。汝之言而无力耶,则多言奚为?汝之言而有力耶,遂将以毒天下。吾愿有言责者一深长思也。

读者其毋曰:今日救国之不暇,而哓哓然谈性说理何为也。诸君而非自认救国之责任也,则四万万人之腐败,固已久矣,而岂争区区少数之诸君?唯中国前途,悬于诸君,故诸君之重视道德与蔑视道德,乃国之存亡所由系也。今即以破坏事业论,诸君亦知二百年前英国革命之豪杰为何如人乎?彼克林威尔实最纯洁之清教徒也。亦知百年前美国革命之豪杰为何如人乎?彼华盛顿所率者皆最质直善良之市民也。亦知三十年前日本革命之豪杰为何如人乎?彼吉田松阴、西乡南洲辈皆朱学、王学之大儒也。故非有大不忍人之心者,不可以言破坏,非有高尚纯洁之性者,不可以言破坏。

虽然,若此者,言之甚易,行之实难矣。吾知其难而日孜孜焉,兢业以自持,困勉以自勖,以忠信相见,而责善于友朋,庶几有济;若乃并其所挟持以为破坏之具者而亦破坏之,吾不能为破坏之前途贺也。吾见世之论者,以革命热之太盛,乃至神圣洪秀全而英雄张献忠者有焉矣,吾亦知其为有为而发之言也。然此等孽因可多造乎!造其因时甚痛快,茹其果时有不胜其苦辛者矣。夫张献忠更不足道矣,即如洪秀全,或以其所标旗帜,有合于民族主义也,而相与颂扬之,究竟洪秀全果为民族主义而动否,虽论者亦不敢为作保证人也。王莽何尝不称伊、周?曹丕何尝不法禹、舜?亦视其人何如耳。大抵论人者必于其心术之微。其人而小人也,不能以其与吾宗旨偶同也,而谓之君子。如韩侂胄之主伐金论,我辈所最赞者,然赞其论不能赞其人也。其人而君子也,不能以其与吾宗旨偶牾也,而竟斥为小人。王猛之辅苻秦,我辈所最鄙者,然鄙其事不能抹杀其人也。尚论者如略心术而以为无关重轻也,夫亦谁能尼之;但使其言而见重于社会也,吾不知于社会全体之心术,所影响何如耳。不宁唯是而已,夫鼓吹革命,非欲以救国耶?人之欲救国,谁不如我?而国终非以此"瞎闹派"之革命所可得救;非唯不救,而又以速其亡,此不可不平心静气而深察也。论者之意必又将曰:非有瞎闹派开其先,则实力派不能收其成。此论之是否,属于别问题,兹不深辩。今但问论者之意,欲自为瞎闹派,且使听受吾言者悉为瞎闹派乎?恐君虽欲自贬损,而君之地位固有所不能也。即使能焉,而举国中能瞎闹之人正多,现在未来瞎闹之举动亦自不少,而岂待君之入其间而添一蛇足也?而更何待君之从旁劝驾也?况君之言,皆与彼无瞎闹之资格者语,而其有瞎闹之资格者,又非君之笔墨势力范围所能及也。然则吾侪今日,亦务为真救国之事业,且养成可以真救国之人才而已。

诚如是也,则吾以为此等利口快心之言可以已矣。昔曹操下教,求不仁不孝而有治国用兵之术者。彼其意岂不亦曰吾以救一时云尔,而不知流风所播,遂使典午以降,廉耻道丧。五胡迭侵,元魏凭陵,黄帝子孙势力之坠地,即自兹始。此中消息,殆如铜山西崩,洛钟东应,感召之机,铢黍靡忒。

呜呼,可不深惧耶!可不深惧耶!其父攫金,其子必将杀人;京中高髻,四方必高一尺。今以一国最少数之先觉,号称为得风气之先者,后进英豪,具尔瞻焉,苟所以为提倡者一误其途,吾恐功之万不足以偿其罪也。古哲不云乎,两军相对,哀者胜矣。今日稍有知识稍有血性之士,对于政府而有一重大敌,对于列强而复有一重大敌,其所以兢兢业业蓄养势力者宜何如?实力安在?吾以为学识之开通,运动之预备,皆其余事,而唯道德为之师。无道德观念以相处,则两人且不能为群,而更何事之可图也。自起楼而自摧烧之,自莳种而自践踏之,以云能破坏则诚有矣,独惜其所破坏者,终在我而不在敌也。曾文正者,近日排满家所最唾骂者也,而吾则愈更事而愈崇拜其人。吾以为使曾文正生今日而犹壮年,则中国必由其手而获救矣。彼唯以天性之极纯厚也,故虽行破坏可也;唯以修行之极严谨也,故虽用权变可也。故其言曰扎硬寨,打死仗;曰多条理,少大言;曰不为圣贤,便为禽兽;莫问收获,但问耕耘。彼其事业之成,有所以自养者在也,彼其能率厉群贤以共图事业之成,有所以孚于人且善导人者在也。吾党不欲澄清天下则已,苟有此志,则吾谓《曾文正集》不可不日三复也。夫以英美、日本之豪杰证之则如彼,以吾祖国之豪杰证之则如此,认救国之责任者,其可以得师矣。

吾谓破坏家所破坏者,往往在我而不在敌,闻者或不憬焉。盖倡破坏者,自其始断未有立意欲自破坏焉者也,然其势之所趋多若是,此不徒在异党派有然也,即同党派亦然。此其何故欤?窃尝论之,共学之与共事,其道每相反,此有志合群者所不可不兢兢也。当其共学也,境遇同,志趣同,思想同,言论同,耦俱无猜,谓相将携手以易天下。及一旦出而共事,则各人有各人之性质,各人有各人之地位,一到实际交涉,则意见必不能尽同,手段必不能尽同。始而相规,继而相争,继而相怨,终而相仇者往往然矣。此实中西历史上所常见,而豪杰所不免也。谚亦有之:"相见好,同住难。"在家庭、父子、兄弟、夫妇之间尚且有然,而朋友又其尤甚者也。于斯时也,唯彼此道德之感情深者,可以有责善而无分离。观曾文正与王璞山、李次青二人交涉之历史,可以知其故矣。读者犹疑吾言乎?请悬之以待足下实际任事之日,必有不胜其感慨者。夫今之志士,必非可以个个分离孤立而能救此濒危之国明也,其必协同运动,组成一分业精密团结巩固之机体,庶几有济。吾思之,吾重思之,此机体之所以成立,舍道德之感情,将奚以哉!将奚以哉!

且任事者,最易漓汨人之德性,而破坏之事,又其尤甚者也。当今日人心腐败达于极点之时,机变之巧,迭出相尝,太行孟门,岂云巉绝,曾文正与其弟书云:"吾自信亦笃实人,只为阅历世途,饱更事变,略参些机权作用,倒把自家学坏了。"以文正之贤,犹且不免,而他更何论也。故在学堂里讲道德尚易,在世途上讲道德最难。若夫持破坏主义者,则更时时有大敌临于其前,一举手,一投足,动须以军略出之。而所谓军略者,又非如两国之交绥云也,在敌则挟其无穷之威力以相临,在我则偷期密约,此迁彼就,非极机巧,势不能不归于劣败之数。故破坏家之地位之性质,尝与道德最不能相容者也。是以躬亲其役者,在初时或本为一极朴实极光明之人,而因其所处之地位所习之性质,不知不觉而渐与之俱化,不一二年,而变为一刻薄寡恩机械百出之人者有焉矣。此实最可畏之试验场也。然语其究竟,则凡走入刻薄机诈一路者,固又断未有能成一事者也。此非吾撷拾《宋元学案》上理窟之空谈,实则于事故上证以所见者所历者,而信其结果之必如是也。夫任事者修养道德之难既若彼,而任事必须道德之急又若此,然则当兹冲者,可不栗栗耶!可不孜孜耶!《诗》曰:"毋教猱升木,如涂涂附。"息息自克,犹惧未能挽救于万一,稍一自放,稍一自文,有一落千丈而已。

问者曰:今日国中种种老朽社会,其道德上之黑暗不可思议,今子之所论,反乃偏责备于新学之青年,新学青年虽或间有不德,不犹愈于彼等乎?答之曰:不然。彼等者无可望无可责者也,且又非吾笔墨之势力范围所能及也。中国已亡于彼等之手,而唯冀新学之青年致死而之生之,若青年稍不慎,而至与彼等同科焉,则中国遂不可救也。此则吾哓音瘏口之微意也。

与你共品
yu ni gong pin

梁启超(1873—1929),字卓如,一字任甫,号任公,又号饮冰室主人、自由斋主人等。中国近代思想家、政治家、教育家、史学家、文学家;戊戌变法(百日维新)领袖之一,维新派、新法家代表人物,与康有为一起发动"公车上书"运动;近代文学革命运动的理论倡导者,倡导新文化运动,支持五四运动。

个性独悟
ge xing du wu

★结合文章请你谈谈什么是"私德"?

★你如何理解"仓廪实而知礼节,衣食足而知荣辱"这句话?

★为什么说"私德者,人人之粮"?

快乐阅读
kuai le yue du

聪明人和傻子和奴才 / · · · 鲁　迅

奴才总不过是寻人诉苦。只要这样，也只能这样。有一日，他遇到一个聪明人。

"先生！"他悲哀地说，眼泪连成一线，就从眼角上直流下来。"你知道的，我所过的简直不是人的生活。吃的是一天未必有一餐，这一餐又不过是高粱皮，连猪狗都不要吃，尚且只有一小碗……"

"这实在令人同情。"聪明人也惨然说。

"可不是吗！"他高兴了。"可是做工是昼夜无休息的：清早担水晚烧饭，上午跑街夜磨面，晴洗衣裳雨张伞，冬烧汽炉夏打扇。半夜要煨银耳，侍候主人要钱；头钱从来没分，有时还挨皮鞭……"

"唉唉……"聪明人叹息着，眼圈有些发红，似乎要下泪。

"先生！我这样是敷衍不下去的。我总得另外想法子。可是有什么法子呢？……"

"我想，你总会好起来……"

"是吗？但愿如此。可是我对先生诉了冤苦，又得你的同情和慰安，已经舒坦得不少了。可见天理没有灭绝……"

但是，不几日，他又不平起来了，仍然寻人去诉苦。

"先生，"他流着眼泪说，"你知道的，我住地简直比猪窠还不如。主人并不将我当人；他对他的巴儿狗还要好到几万倍……"

"混账！"那人大叫起来，使他吃惊了。那人是一个傻子。

"先生，我住的只是一间破小屋，又湿，又阴，满是臭虫，睡下去就咬得真可以。秽气冲着鼻子，四面又没有一个窗……"

"你不会让你的主人开一个窗的吗？"

"这怎么行？"

"那么，你带我去看去！"

傻子跟奴才到他屋外，动手就砸那泥墙。

"先生！你干什么？"他大惊地说。

"我给你打开一个洞来。"

"这不行！主人要骂的！"

"管他呢！"他仍然砸。

"来人呀！强盗在毁咱们的屋子了！快来呀！迟一点儿可要打出窟窿来了！……"他哭嚷着，在地上团团地打滚。

一群奴才都出来了，将傻子赶走。

听到了喊声，慢慢地最后出来的是主人。

"有强盗要来毁咱们的屋子，我首先叫喊起来，大家一同把他赶走了。"他恭敬而得胜地说。

"你不错。"主人这样夸奖他。

这一天就来了许多慰问的人，聪明人也在内。

"先生，这回因为我有功，主人夸奖了我了。你先前说我总会好起来，实在是有先见之明……"他大有希望似的高兴地说。

"可不是吗……"聪明人也代为高兴似的回答他。

与你共品
yu ni gong pin

　　鲁迅先生的文章大都具有象征意义和辛辣的讽刺意味。文中的"聪明人""傻子"和"奴才"分别是三类人的代表。仔细阅读此文，体味作者旨在批评什么？

个性独悟
ge xing du wu

　　★文中的聪明人、傻子、奴才是三类人的代表，说说他们都是什么样的人。

　　★本文采用象征手法写成。文中除了人物有象征意义，奴才住的黑屋子也有象征意义。说说它象征什么？

　　★你认为本文主要写哪个人物？作者主要在批判什么？

快乐阅读
kuai le yue du

110澳元的"不诚实"罚单 / ···赵 刚

去澳大利亚之前,就听说澳大利亚海关厉害,检查特别严格。因此,一上飞机,我就千叮咛、万嘱咐,告诫随团的弟兄们千万别往枪口上撞,谁知还是出了纰漏。

或许是由于"9·11"阴霾未散,悉尼国际机场关闭了以往的团体入境通道,所有的入境旅客都必须按顺序排队,挨个接受检查。尽管大厅挤满了等待入境的旅客,但四周却安静异常,气氛还真紧张。

我顺利地通过了海关检查,刚准备将行李车推出海关大厅,忽然听到身边一阵喧哗,原来是同行的一位团员,被挡在了海关检查台外。只见他满脸涨得通红,举着一个塑料口袋,比手画脚情绪激动地向海关官员解释着什么。

"Who is tour leader?"(谁是领队?)海关工作人员一脸严肃地问,我连忙回答。这位海关小姐手里攥着同伴递交的申报单,指着我身边团员手里的塑料袋和检查台上打开的箱子,问道:这些到底是什么东西?这时我才发现,原来这位老兄手里提着的塑料袋中,装着半口袋腌制的酸萝卜。在他的箱子里还装满了各种食品,有腌制的榨菜、酱瓜;还有花生米、松花蛋;甚至还有几袋真空包装的酱制猪蹄、猪口条和猪尾巴。看见这些零七八碎的食品,我真有些哭笑不得!这位仁兄一脸苦相,不好意思地说道:"我本来也没打算带,可老婆劝我,到了澳大利亚整天吃西餐,不习惯。因此,把这些全塞在我的箱子里。"

事已至此,我只好向海关小姐解释,这些绝非腐烂变质的食品,更不是什么有害物质,不过是一些中国的传统食品。她将信将疑,随手拿起一个松花蛋问道:What's this?(这是什么?)我急忙回答:Duck's egg(鸭蛋)。或许是松花蛋青灰色的外皮,使她产生了怀疑,她叫我打开一个看看。我敲开了一个,情况更糟,澳大利亚小姐看见白生生的鸭蛋变成了从未见过的怪模样,特别是闻到了不曾闻过的怪味儿,立刻花容失色,连声喊 NO、NO,叫我赶紧把破蛋包起来。她立刻抄起对讲机喊来了上司。

　　不一会儿,一位头发花白的男士匆匆赶了过来。只见这位小姐神情紧张地向上司汇报,并一样一样地将台子上的东西拿给他看。上司愈听愈严肃,眉头愈皱愈紧,不断地点头称是。

　　我一瞧事态愈闹愈大,心想:如果不赶紧主动出击,恐怕事情会更加糟糕。澳洲政府为保护当地动植物不受外来疾病和虫害的侵害,对本土之外的食品,无论是水果、蔬菜,还是肉类、谷物(包括这些动植物的种子),一律严加控制,甚至严格到入境者鞋子上的泥土是否沾上有害物质,都必须向海关申报,违禁者则要被追究法律责任。想到此,我赶紧将所有的袋子拆开,当着他们的面进行现场演示:这个,是腌制的蔬菜,是中国人常备的食品。我一边说,一边把袋子里的榨菜放在自己的嘴里,表示可以食用。

　　看到我这个样子,两位海关官员的情绪缓解了下来。其中的男士对我说,尽管这些食品在贵国可以食用,但按照澳大利亚政府的规定仍然不可以携带入境,必须全部没收。同伴明白后连连点头表示 OK。

　　心里的石头刚刚落地,不料那位受到"松花蛋事件"惊吓的海关小姐扬了扬手中的报关单,向我的同伴发问:为什么不如实申报这些食品?我接过单子一看,糟糕!果然在海关申报单上的是否携带食品入境一栏中,这位老兄在" NO"处画了一个×,同伴哭丧着脸悻悻地说,我哪知道会这么倒霉,心想多一事不如少一事,能不申报就不申报,糊弄过去算了,省得找麻烦。

　　她身边的那位上司似乎也意识到问题的严重,凝神地注视着我们。我明白,这回我的同伴是犯了西方人的大忌。其实,只要如实申报,能否带食品入境并不是什么大事,而不讲实话,就会被认为是对海关有意隐瞒或故意欺骗。

　　为了解脱困境,我只好一遍又一遍地反复解释,这位中国团员是第一次到澳大利亚来,对海关的规则不清楚,尤其不懂英语。海关小姐又认真地问我,既然如此,作为旅行团的领队,你为什么事前不把规则告诉他?真是天大的冤枉!出国前,我就将该说的全都说了,当然这番话又不能跟老外明说。因此,我只得再和海关小姐啰嗦一遍。可是这位蓝眼睛,不肯罢休非要找出过错者是谁,一直固执地问:Who is in fault?(到底谁负责任?)直到我说出是我的过失时,她的脸色才缓和下来,并对身边的上司说,他们已经承担了过失,能否了结此事?上司应允了。

　　海关小姐满脸灿烂向我们走了过来,郑重地说,根据处罚决定食品全部没收,同时罚款 110 澳元。对于罚款她再三解释,并非是对携带食品的处罚(没收食品已经算是处罚),而是对携带食品不如实申报的处罚。办完了罚金手续,她友好地把我们送出了海关大厅，临别之际，她主动伸手与我们握别，面带微笑地说，非常感谢对她工作的支持与合作，并预祝我们在澳大利亚旅途愉快，此时的海关小姐与刚才在检查台前简直判若两人。

望着海关小姐远去的背影，我心里说不出是什么滋味，我没好气地对同伴说，这回叫澳大利亚人给咱中国人上了一课，知道了什么是不诚实的代价。110澳元，那可是500多块人民币呀！

与你共品
yu ni gong pin

说起来，澳洲人也真够刁难的，在国人看来很平常的一件小事，抬抬手就过去了。可这位海关小姐却认真起来，又是检验，又是盘查，又是请上司，任你怎么说"小话"、做解释，她都不依不饶。原因何在？这不仅仅是工作上的问题，更主要的是制度问题，是原则问题，是我们的"不诚实"造成的。并不是对我们的歧视和不友好，不然这位蓝眼睛的海关小姐也不会满脸灿烂地预祝我们在澳大利亚旅途愉快。

这个故事向读者昭示：做人应该讲诚信，这是最起码的做人准则。如果连这点都做不到的话，那么还谈什么道德修养。诚信为本，愿我们每一个中国人都铭记这一点。

应该明确的是，作者一行人并不是有意隐瞒事实，也没有想蒙蔽过关，只是不习惯西餐而已。我们没有理由去责怪澳洲小姐的刁难，也没有理由抱怨110澳元的处罚，尽管我们有些"冤枉"，尽管我们心里有说不出的滋味，但是我们不能不对澳洲人的求真务实表示由衷的赞许，因为他们是如此看重诚信。

个性独悟
ge xing du wu

★文章结尾写道："我心里说不出是什么滋味"，"110澳元，那可是500多块人民币呀！"，这两个句子反映了作者怎样的心理活动？

★澳洲人对"松花蛋事件"是不是有点小题大做了？问题有他们意识的那么严重吗？说说你自己的看法。

★作者写他这次澳洲之行的一段经历是想告诉人们什么？你是如何理解的？

快乐阅读
kuai le yue du

竹　篾／···左建明

那是一个想来十分遥远的中午了，炽热的太阳高悬中天。

我背了书包，在桉树的浓荫下轻捷地走着。由于南方雨水频繁，树阴的通道长满了青青的苔藓。在道边上走，一不小心就摔个仰八叉，于是，我只好在窄窄的通道中间走了——但这不是我后来肇事的理由。

接下来，我看见一位白发稀疏的老婆婆领着她的外孙在离我不到两丈远的地方蹒跚着前行。那孩子大约只有一岁半，我认识，跟我家住一个院。小家伙白白胖胖，小嘴嘟努着，眼睛又黑又亮，可爱极了。这会儿，他只穿了个有背带的开裆小裤衩，小屁股一撅一撅，跟个小鸭子似的。

我还发现，他手里握了根又细又长的竹篾，那竹篾的尾端就在我脚前两三尺的地方游来摆去。这是一根充满诱惑与动感的美妙线条。

那一会儿，我突然变得愚蠢可恶：我挪动着脚步，企图踩住那根美妙的竹篾。尽管我意识的表面上只是想跟那孩子逗着玩玩，但仔细想想，人的恶念原来与生俱有。

我是终于将那根竹篾踩住了。于是,美妙活泼富有生命感的竹篾一下绷直成一条僵硬毒辣的直线,与此同时,我听到那孩子哇的一声哭叫起来,我看见那根竹篾从他手里甩脱了,仿佛甩掉一条蛇。

"啊呀!"老婆婆扳过孩子的手,不禁失声叫起来。我赶紧跑上去,一看,那孩子白胖胖嫩生生的小手被竹篾划了深深的一道伤口,鲜红鲜红的血液往外涌流。我觉得心脏好像被竹篾一下子刺穿了,浑身打了一个永生难忘的激灵。

那一刻,我惊慌失措,只盼着发生的事只是一个噩梦。

老婆婆却说:"莫害怕,你又不是故意的。"

我长吁一口气,内心的恐惧一下子被安抚了。因为老婆婆不以为我是故意的,我就可以免遭一场责难了。

于是我就坡骑驴,顺水推舟,不管表情如何尴尬难堪,我极力装作是不留心而误踩了竹篾的神态。是啊,竹篾那么长,后边的人不小心而误踩上了的可能性是挺大的呀!

老婆婆急急惶惶地抱着孩子找卫生室去了。

那条长长的竹篾刚才还活蹦乱跳着,这会儿却僵直地卧在长满苔藓的小路上。

耳边还有那孩子渐远渐轻的哭声。

午后,我被一种不安驱使着,到隔壁老婆婆家去看那孩子。孩子的手已经缠上厚厚的白纱布,他的爸爸妈妈正心疼地皱紧眉头。老婆婆见我去了,对小孩的爸妈说:"他不是故意的。都怪我,不该让娃儿拿篾子耍。"

我低着头,对老婆婆充满感激,但我仍然没敢承认自己是故意的。

那时候,我刚上初中,屈指算来,已有三十年了。那条竹篾为我培植了一种生理条件反射:无论何时何地,只要听到(更不用说见到)别人一不小心划破了皮肉,我立即会浑身打一个激灵,一种麻酥酥的感觉透遍全身,仿佛自己也挨了一刀。

那仅仅是一种生理条件反射吗?

多少年来,我眼前常常浮现出一幅美丽生动的图画:一位白发老婆婆领着她的胖嘟嘟的小外孙在前面走,那孩子拖着一条长长的竹篾,在他一撅一撅的屁股蛋后边活蹦乱跳地游来摆去。

我干吗要踩上一脚啊!

与你共品
yu ni gong pin

　　本文选自《延河》1995年第12期。这是一篇读来精致、美好，令人久久不忘且回味无穷的小小说。

　　说它美好，首先是因为它反映了美好的人性光彩。这是一篇写"过失"的文章，三十年前还是初中生的"我"，由于孩童式的顽皮，破坏了一个童话般优美的境界，造成了虽然说不上严重但也构成了对别人伤害的事故。文章写"我"刚上初中，一天，一位老婆婆领着大约一岁半的外孙，在甬道上前行，孩子手握根又细又长的竹篾，竹篾的末端在我脚前两三尺的地方游来摆去。"我"想跟孩子开个玩笑，一定很有趣，于是，"我"用脚踩住了那根竹篾的末端，竹篾从孩子的手里甩脱了，孩子哇的一声哭了，小手被竹篾划了一道深深的伤口，鲜血往外涌流。优美的画面被破坏了，原想有趣的事，成了永生的愧疚。

　　表面看，这个故事并没有什么美好而言，但人性美好的光彩就体现在故事之后。老婆婆明明知道"我"故意的，但她却替"我"开脱而自责，她的这种宽容、谅解，正是一位善良宽厚的老人与人为善的美好情怀。当时由于我年幼不懂事，加之害怕受罚，没敢公开承认错误，但在良心上"我"却自我谴责了三十年，一直为童时的过错后悔不迭。可以说"我"是一个能够自责，勇于承担责任的（"我"当时虽未认错，但内心是承认错误的）正派、善良的孩子。"我"的这种"自责"之心，为"过失"追悔之心，其实也是美好人性的反映。

　　小说对人性美好的赞美就是通过老婆婆与"我"展开的。所不同的是，文章不是直接展示美，而是以"过失"来反衬美，只有心地善良、高尚纯洁的人，才能这样，于是，"我"的过失和内疚便有了美的内蕴。

　　本文以"我"的所为、所想和所感，展开情节，层次清晰，情节感人，加之生动、明快富于感染力的语言，确实是一篇难得的美文。

走
过
心
灵
的
脚
步
没
有
声
音

★开头写"那是一个想来十分遥远的中午了",这句话起什么作用,结尾处与它相应的一句是什么?

★"小家伙白白胖胖,小嘴嘟嘟着,眼睛又黑又亮,可爱极了",是什么描写方法,有什么作用?

★"是啊,竹篾那么长,后边的人不小心而误踩上了的可能性是挺大的呀!"这是什么描写,在文中起什么作用?

★文章结尾处再次出现第四段描绘的那幅美丽的画面,这样写有什么作用?

★"竹篾"在文中起什么作用?三十年来"我"对"它"及与"它"相关的事念念不忘,这向我们揭示了一个怎样的做人道理?

诚信专卖店／···凌鼎年

诚信专卖店在这个岛国的出现,是造足了舆论,在许许多多岛民的盼望中开张的。

因为在此店开张前,诚信专卖店的钱老板通过电视台、电台、日报、晚报、网站以及街头派送宣传资料等全方位宣传,使这样一个信息几乎家喻户晓,即12月28日那天前往参加诚信专卖店开张的任何一个人,不管是男人或女人,不管是老人或小孩,不管是当官的或平民,不管是大款或乞丐,都将发给一张诚信专卖店的贵宾卡,以后,凭此贵宾卡,如向诚信专卖店出售诚信者,可按市价再加三成,反之,如向诚信专卖店购买诚信者可优惠30%,就是便宜30%的价钱。

因为不是给现金或实物,故而想去领这张贵宾卡的人并不多。不过诚信专卖店的目的达到了,店尚未开张,岛民都知道了:将有一家奇特的商店要开张营业。

据说诚信专卖店开张那天还是挺热闹的,高官要员去了不少。钱老板固然很诚信,说到做到,给每位莅临的官们每人一张诚信专卖店的贵宾卡。凡踏进店门的,不管张三李四王二麻子,也一概赠送一张诚信专卖店的贵宾卡,也不管你要还是不要。

开张仪式结束后,诚信专卖店店堂里就冷冷清清了,因为店堂的柜台里空空如也,这看不见摸不着的诚信如何买卖呢?只有店门外瞧热闹的人,很少有进店谈生意的。

这样开张了三天,竟一笔生意也没有,但钱老板似乎并不着急,一副稳坐钓鱼台的样子。

直到第四天上午,来了一位外国打工仔,说没找到工打,手头急用,想把自己的诚信卖给店里。

铁老板说可以啊,但不知是买断,还是暂当?打工仔一看买断比暂当要多一倍的钱,就选择了买断。

钱老板用一种专门的仪器在打工仔身上一吸,就算是成交了,很爽快地付了钱。

哇,10万元钱呢。不出一滴汗,不流一滴血,不掉一两肉,轻轻松松就能换10万元钱,这种好买卖如今到哪儿去寻呀。一传十,十传百,从第五天开始,来诚信专卖店出售诚信的人越来越多,甚至排起了长队。有位那天诚信专卖店开张之日领到贵宾卡的无业游民果然比别人多拿到三成,卖了13万元钱呢。不少人懊悔莫及,都说诚信专卖店确确实实诚信。大伙儿对此店愈发相信了。

在不到半年的时间里,诚信专卖店几乎收购了30%岛民的诚信。

之后,这个岛国几乎无诚信可言,尔虞我诈、钩心斗角司空见惯,连父子之间、母女之间、夫妻之间、朋友之间、同学之间、恋人之间、上下级之间,都极少极少有诚,有信,都是你骗我来我骗你,以致弄得案件不断,治安极其混乱。其他国家的人再也不敢与这个岛国的人打交道、做生意了,岛国的经济状况一落千丈。

为了挽救岛国,岛国的最高当局出台了几条紧急措施,例如凡已出售诚信者,一律不得担任公职,已担任的,一经查实,立即开除;政府鼓励赎回诚信,凡有诚信者,将优先考虑安排工作……

之后,来诚信专卖店购买诚信的人多了起来。暂当的还算好,钱老板只加三成就肯让赎走了,但买断的,则对不起,价钱非翻番不可,要就要,不要拉倒。

有些岛民愤怒了,责问钱老板怎么开诚信专卖店,却没有诚信?钱老板说:我是做诚信买卖的,靠买卖诚信赢利的,对不起,我不是有诚信的老板。此时,岛民们才知道自己上当了。从此,那些没有诚信的岛民成了三等公民,他们发现没有了诚信,简直就成了行尸走肉,他们懊悔啊。他们恨死了钱老板,也恨死了自己,只是后悔药很苦很苦。

与你共品
yu ni gong pin

　　本文的题目扣人心弦。小说以荒诞的手法向人们揭示了一个真理:诚信对个人、社会都是非常重要的,做人处事不能缺少诚信,否则,社会就会陷入混乱,个人就如同行尸走肉一般。

个性独悟
ge xing du wu

　　★这篇小说的艺术手法是什么?

　　★钱老板在开业那天见人就送贵宾卡,可领的人却不多,这说明什么?

　　★失去诚信的后果是什么?

作文链接

面 具／···吴 皎

　　走过玩具店,看见里面挂着五花八门的面具,便不由自主地想起了孩提时曾玩过的面具。童年的面具使人与人之间的距离缩短,面具带来的那份乐趣至今似乎还能隐约地感觉到。跨出无邪的童年后,我们便失去了面具带来的乐趣,而且觉得人与人之间的距离越来越远。人们的脸上虽然没五彩缤纷的面具,但人们的心灵却被一个个灰色的面具遮盖着。

　　我们时常听到"知人知面不知心""人心隔肚皮""人心叵测"这样的话。是的,现实生活中,有的人表面在对你笑,可肚里却对你满腹猜忌,脑子里已在盘算如何对付你,于是有人长叹:"对你笑的未必是朋友!"正因为许多人都有这样的心理,人与人之间便少了份信任却多了些猜疑,总觉得人家在对你笑时可能隐藏着杀机。"笑"这一简单而又美好的面部表情隐入种种复杂而又丑陋的现象中,便有了"笑面虎"这样的称谓和"笑里藏刀"这样的成语。莎士比亚说过:"人们往往用至诚的外表和虔诚的行为,掩饰一颗魔鬼般的心,这样的例子是太多了。"为了达到自己的目的,戴上美丽的面具,迷惑他人,在必要时会不择手段,哪怕是"朋友"也不例外。先是千方百计获得"朋友"的信任,接着利用"朋友",最后出卖"朋友",以实现自己的私欲。因此,我们似乎很难谴责那些受猜疑的多心人。

　　但是,一旦每个人的灵魂都戴上了虚假的面具,原本纯真的世界便不再完美,人们的心灵也就永远不可能有真正的沟通。

　　生活在处处是面具的世界里的人们一定很累很累,自己得绞尽脑汁去猜别人的用意,又不肯让别人猜透自己的心思。大家都在捉迷藏,猜谜,甚至精疲力竭,方知活了一世,错过了多少美好的日子,失去了多少纯真的友情。本该灿烂的季节黯然失色。自由人却戴上了沉重的精神枷锁。

　　戴着面具的生活沉重而又无奈,戴着面具的交往除了钩心斗角,互相猜忌,便一无所获,那么,我们为何不摘下面具,还这个世界一方真实的天空,人们或许就可以找回充实和坦然。

走过心灵的脚步没有声音

【简　评】

jian　ping

　　本文作者从玩具店的面具，联想到人生的面具，以典型的事例为论据，揭示了人际交往中的一个严重问题。最后以反问语气点题。全文感情浓烈，入木三分。

假文凭真不了

——读漫画《买文凭》有感／···风　歌

　　据说文凭贩卖很火，有不少人据此发家致富了。今天看了漫画《买文凭》才信以为真。

　　画面上有一个尖嘴猴腮的家伙满脸堆笑，右手正拿着一张文凭向人们兜售，后边两条绳上还挂着许多各式各样的文凭，可能在炫耀：应有尽有，包您满意……围着的三个人正在七嘴八舌讨价还价。而另一边则是一位身着博士服的大学生疑惑不解地看着……

　　作者采用漫画这一独特的艺术形式生动地揭露了社会上愈演愈烈的假文凭泛滥之风。其实，假文凭除了能偶尔给自己脸上贴点金之外，它毫无作用可言。

　　据《环球日报》报道：一个原毕业于青岛医科大学，名叫刘春申的 33 岁的中国籍男青年，在北京花了 100 元人民币让人伪造了一张北京医科大学的博士文凭，冒充医学博士，于 1999 年 12 月侥幸联系到新加坡一家有名的医院工作。但没过几天，即东窗事发，结果被判罚坐牢两个月，并处以两千新加坡元的罚款。其实不管怎样:假的永远真不了。刘春申本来就是医大毕业,只不过冒个博士而已,照理一般的医师常识还是懂的,不也照样被揭穿了吗?

在学习中也有些同学"买文凭"。平时学习不刻苦不勤奋,到了考试时舞弊,甚至不惜"重金",向同桌购买答案,这不也是一种弄虚作假的行为吗?

"放任假冒伪劣,国家就没有希望。"其实,虚假的文凭泛滥,更容易导致知识的贬值,更容易让国家和民族走向歧途。希望同学们以此为戒,勤奋努力学习,不要到时去"买文凭"。

【简 评】

"假文凭"——"舞弊",其实是一样的,都是把知识当成一种商品,作者由一幅漫画而引发开来,联系实际谈,论据充分,中心突出。

文中内容与漫画联系很紧,介绍漫画内容条理清楚,语言准确,值得学习。

保持生命的本色

诚信卷

摆脱世俗功利和文化的纠缠

让生命与生命相遇

我们的生命就像一条涓涓细流，绵长不断地流向远方。不管你对生活做出怎样的选择，但有一点是我们所不能忽视的：生命的充实，不在于年岁的长短，而在于领悟生命的深浅。生命的年轮由四季轮换镌刻，人生的乐章由岁月交替组成。回首过去，可能有沮丧也有荣耀，有成功也有失败，有惶恐也有惊喜，当你面对新一轮太阳时，这些都已成为人生的一段经历。

快乐阅读

心中栽棵苹果树 / · · · 胡子宏

　　曾经美丽的年龄伴随着岁月的磨砺在自以为体悟透彻的人生中一去不复返,那曾拥有的雄心壮志因为生活的奔波而演变得几乎平庸。成家立业,使男人肩负了沉甸甸的责任,而对强者的形容,许多文字都称之为松柏般的伟岸。而我,在感悟生活的滋味里,却时刻视自己的青春花季为一棵矮壮的苹果树。青年时代,我必须绽放些许鲜艳结实的花蕾——在我的情感深处,珍藏着一种刻骨铭心的情结。

　　小时候,自从吃了奶奶从青岛亲戚那儿带回家的一个苹果,我便常常幻想最好的命运莫过于甜甜美美地吃上几个苹果。上了小学,每当我考了第一名,父亲就兴高采烈地把我举过头顶, 这时, 我大脑中就涌出吃苹果的强烈渴望。终于有一次,当父亲又一次把我高举时,我怯怯地说:"爹,啥时让我吃苹果……"

　　那是个阴沉沉的夜晚,屋里的油灯昏暗地映出父亲长长的身影。父亲冷却了笑容,缓缓把我放下来,刹那间我感到一种极度的失望。父亲说:"小子,考大学吧,考上大学可以天天吃苹果……"

　　父亲锻造了我"考上大学"的辉煌梦想。

　　十几年后,我携新婚爱人回到老家,偶尔翻出了小学时一本日记里的几句话:我唯一的理想就是考上大学,爹说考上了可以天天吃苹果。

　　小学五年级时,我经历了难忘的一天。我从奶奶床铺下偷了一把硬币,和小伙伴们逃课去了县城。电影院门前是水果摊,用一毛五分钱买了电影票后,其余的钱便都买了苹果,我和小伙伴美美地享受了一番。回到家里饱尝了跪砖的滋味后，我才知道那是奶奶仅有的8毛钱。父亲暴躁地说：记住，想吃苹果就考大学去，可以天天吃苹果，不准偷别人的东西，要吃就吃自己的苹果。

上了高中，家境渐好，终于能吃上几个苹果了，有时回家前，我就从学校门口的水果摊上给奶奶买几个苹果，这时，父亲的话语就又涌上心头：小子，考大学去，可以天天吃苹果。直到有一天，父亲送我进入了北京的一所大学，果真，校园里有大片大片的黄元帅苹果树。入了校园我就愣了片刻，刹那间，我突然意识到：呀，自己梦想成真了！

上大学的第一天，同宿舍的"小广东"利索地把一个苹果削了皮递给我，我又递给父亲，我和父亲相视无言。父亲悄悄地对我说：小子，到底能吃上苹果了，记着，要吃自己的苹果。

入学时正是金秋季节，每位同学都分到了一脸盆苹果。看到宿舍的同学把不甚成熟的果实抛出窗外，我顿时感到一种极难堪的惊讶和痛苦。我念起在农村田间劳作的父母和妹妹，我就想：他们是不是也能吃上苹果？而我，何时让他们吃上苹果——吃上我自己的苹果呢？

参加工作了，第一次发工资时，我所居住的这座小城市已飘了零星的雪花。在一个周末，我买了十几斤苹果，颠簸了数百里回到了老家。我对奶奶和父母说：这苹果，我今天要吃个够——这是自己的苹果。晚上，我就躺在农家的土炕上夜不成寐，苹果的香甜仿佛时时冲荡着我大脑的神经，我的泪不由自主地淌下来，我又想：我今天带回家的，岂止是几斤苹果呢？

如今，孩提的梦想在现实中似乎暗淡了许多，坐在宽敞明亮的办公室里，坐在家中电脑前，我思索和描绘着更广阔更深刻的事情。有时朋友送来整筐的苹果，而家门前的街道中也摆了好几家水果摊，这使得我狭窄但温暖的家中常常飘着苹果的香气，我咀嚼那苹果却再也寻不到年少时渴望的香甜，心中回味的总是往昔的辛酸。

在今天，我把一个红彤彤的苹果摆到自己的家庭电脑上，一边敲打着文字。我从不认为年少的理想是可笑的。回想起来，少时的梦想尽管极为简单和幼稚，但正是这种简单幼稚的梦想催我由一个农村孩子成长至今。人的愿望不见得太神圣太伟大，但每一个美好愿望的实现都要经过自己坚实的努力。

父亲说过：小子，要吃自己的苹果。当我的第一篇文章发表后，当我每做完一件有价值的事件，我都觉得自己如年少时一样，是在胸怀中的信念中种上一颗苹果的种子，我期望把这些种子培植成为苹果树，让这苹果树在自己的汗水浇灌下茁壮成长。我希望我自己和我的读者们牢记：在漫长又短暂的人生中，有许多苹果般鲜艳甜蜜的目标和愿望,要想使其梦想成真,只有脚踏实地,怀着执着的信念和力量去拼搏去奋斗!

与你共品
yu ni gong pin

　　人的一生中有许多美好的梦想和愿望, 这些愿望不见得是神圣的、伟大的,比如"我"小时候的愿望只是想天天吃香甜的苹果,正是这个简单而又幼稚的愿望,促使"我"成长、成熟,坚忍不拔,脚踏实地朝心中的目标去努力、去拼搏。本文作者对生活、人生的感悟深刻,行文优美,读来让人心旷神怡。

个性独悟
ge xing du wu

　　★从前几段描述可以看出"我"怎样的家境?交代这些有什么作用?

　　★作者写大学宿舍吃苹果的情景是为了说明什么?

　　★"我今天带回家的,岂止是几斤苹果呢"的弦外之音是什么?

　　★为什么家中到处飘着苹果香时,"我"却"再也寻不到年少时渴望的香甜"?

　　★"心中栽棵苹果树"是作者送我们的箴言,用你的语言来叙述它表达的意思。

快乐阅读
kuai le yue du

生命本来没有名字 / ···周国平

　　这是一封读者来信，从一家杂志社转来的。每个作家都有自己的读者，都会收到读者的来信，这很平常。我不经意地拆开了信封。可是，读了信，我的心在一种温暖的感动中战栗了。

　　请允许我把这封不长的信抄录在这里——

　　"不知道该怎样称呼您，每一种尝试都令自己沮丧，所以就冒昧地开口了，实在是一份由衷的生命对生命的亲切温暖的敬意。

　　"记住你的名字大约是七年前，那一年翻看一本《父母必读》，上面有一篇写孩子的或者是写给孩子的文章，是印刷体却另有一种纤柔之感，觉得您这个男人的面孔很别样。

　　"后来慢慢长大了，读您的文章便多了，常推荐给周围的人去读，从不多聒噪什么，觉得您的文章和人似乎是很需要我们安静的，因为什么，却并不深究下去了。

　　"这回读您的《时光村落里的往事》，恍若穿行乡村，沐浴到了最干净最暖和的阳光。我是一个卑微的生命，但我相信您一定愿意静静地听这个生命说：'我愿意静静地听您说话……' 我从不愿把您想象成一个思想家或散文家，您不会为此生气吧。

　　"也许再过好多年之后，我已经老了，那时候，我相信为了年轻时读过的您的那些话语，我要用心说一声：谢谢您！"

　　信尾没有落款，只有这一行字："生命本来没有名字吧，我是，你是。"我这才想到查看信封，发现上面也没有寄信人的地址，作为替代的是"时光村落"四个字。我注意了邮戳，寄自河北怀来。

　　从信的口气看，我相信写信人是一个很年轻的刚刚长大的女孩，一个生活在穷城僻镇的女孩。我不曾给《父母必读》寄过稿子，那篇使她和我初次相遇的文章，也许是这个杂志转载的，也许是她记错了刊载的地方，不过这都无关紧要。令我感动的是她对我的文章的读法，不是从中寻找思想，也不是作为散文欣赏,而是一个生命静静地倾听另一个生命。所以,我所获得的不是一个作家的虚荣心的满足,而是一个生命被另一个生命领悟的温暖,一种暖入人性根底的深深的感动。

"生命本来没有名字"——这话说得多么好! 我们降生到世上,有谁是带着名字来的?又有谁是带头衔、职位、身份、财产等等来的?可是,随着我们长大,越来越深地沉溺于俗务琐事,已经很少有人能记起这个最单纯的事实了。我们彼此以名字相见,名字又与头衔、身份、财产之类相连,结果,在这些寄生物的缠绕之下,生命本身隐匿了,甚至萎缩了。无论对己对人,生命的感觉都日趋麻痹。多数时候,我们只是作为一个称谓活在世上。即使是朝夕相处的伴侣,也难得以生命的本然状态相待,更多的是一种伦常和习惯。浩瀚宇宙间,也许只有我们的星球开出了生命的花朵,可是,在这个幸运的星球上,比比皆是利益的交换,身份的较量,财产的争夺,最罕见的偏偏是生命与生命的相遇。仔细想想,我们是怎样地本末倒置,因小失大,辜负了造化的宠爱。

是的——我是,你是,每一个人都是一个多么普通又多么独特的生命,原本无名无姓,却到底可歌可泣。我、你、每一个生命都是那么偶然地来到这个世界上,完全可能不降生,却毕竟降生了,然后又将必然地离去。想一想世界在时间和空间上的无限,每一个生命的诞生的偶然,怎能不感到一个生命与另一个生命相遇是一种奇迹呢?有时我甚至想,两个生命在世上同时存在过,哪怕永不相遇,其中也仍然有一种令人感动的因缘。我相信,对于生命的这种珍惜和体悟乃是一切人间之爱的至深的源泉。你说你爱你的妻子,可是,如果你不是把她当作一个独一无二的生命来爱,那么你的爱还是比较有限。你爱她的美丽、温柔、贤惠、聪明,当然都对,但这些品质在别的女人身上也能找到。唯独她的生命,作为一个生命体的她,却是在普天下的女人身上也无法重组或再生的,一旦失去,便是不可挽回地失去了。世上什么都能重复,恋爱可以再谈,配偶可以另择,身份可以炮制,钱财可以重挣,甚至历史可以重演,唯独生命不能。愈是精微的事物愈不可重复,所以,与每一个既普通又独特的生命相比,包括名声地位财产在内的种种外在遭遇实在粗浅得很。

既然如此,当另一个生命,一个陌生得连名字也不知道的生命,远远地却又那么亲近地发现了你的生命,透过世俗功利和文化的外观,向你的生命发出了不求回报的呼应,这岂非人生中令人感动的幸遇?

所以,我要感谢这个不知名的女孩,感谢她用她的安静的倾听和领悟点拨了我的生命的性灵。她使我愈加坚信,此生此世,当不当思想家或散文家,写不走得出漂亮文章,真是不重要。我唯愿保持住一份生命的本色,一份能够安静聆听别的生命也使别的生命愿意安静聆听的纯真,此中的快乐远非浮华功名可比。

很想让她知道我的感谢,但愿她读到这篇文章。

与你共品
yu ni gong pin

人从呱呱坠地到长大成人,一直都在忙忙碌碌,忙着学习,忙着工作、升职,取得名誉、地位、财富这些俗务琐事,很少有人细细思考过生命的名字、生命的本色,是文中的乡村女孩点拨了"我",感动了"我",让"我"感受到生命的本来意义,生命中最纯朴的快乐。本文语言朴实精到,寓意深远,令人回味无穷。

个性独悟
ge xing du wu

★"我的心在一种温暖的感动中颤栗"的原因是什么?

★怎样理解"在这些寄生物的缠绕之下,生命本身隐匿了,甚至萎缩了"?

★你对"辜负了造化的宠爱"怎么看?

★作者认为"对于生命的这种珍惜和体悟乃是一切人间之爱的至深的源泉",对此,你有什么看法?

★作者说他"唯愿保持住一份生命的本色",因为"此中的快乐远非浮华功名可比",由此可见,作者是个怎样的人?

★本文最令你感动的是什么?

快乐阅读
kuai le yue du

一二三

明月清泉自在怀 / ···贾平凹

　　读王维的《山居秋暝》时年龄还小，想象不来"松间明月"的高洁，也不懂得"泉流石上"是什么样。母亲说这是一幅很美很美的风景画，要我好好背，说背熟了就知道意思了。可我虽将诗句背得滚瓜烂熟，其意义依然不懂。什么空山、清泉、渔舟这些田园风物也只是朦胧，而乡野情致则更模糊了。

　　后来上了大学，有了些古文功底，常常自豪于同窗学友，翻来覆去的"明月松间照，清泉石上流"，也能时常获得师长赞许。再后来深入乡村，那儿有田园，却无松竹流泉；及至上了华山、峨眉山，并且专在月夜听泉，古刹闻钟，乘江南渔舟，访溪边浣女，都为寻找王维《山居秋暝》的那种灿烂意境，都为了却"明月松间照，清泉石上流"的那份执着情结。一段时间，于人世纷杂之中，自以为，林泉在胸，甚至以渔樵野老自居，说和同事纠纷，劝解祸中难人。自以为心中有了王维，就了却了人间烦恼，看透了红尘纷争；更自以为一壶清茶，便可笑谈古今。

　　真正进入了人生的生存程序——结婚、生子、住房、柴米油盐，等等，才知道青年时代，"明月松间照"式的"超脱"，只不过是少年时代"为赋新词强说愁"的浮雕和顺延。真正对王维和他的诗的理解，是在经历了无数生命的体验和阅历的堆积之后。人之一生，苦也罢，乐也罢，失也罢——要紧的是心间的一泓清潭里不能没有月辉。哲学家培根说过："历史使人明智，诗歌使人灵秀。"顶上的松阴，足下的流泉以及坐下的磐石，何曾因宠辱得失而抛却自在？又何曾因风霜雨雪而易移萎缩？它们自我踏实，不变心性，才有了千年的阅历，万年的长久，也才有了诗人的神韵和学者的品性。我不止一次地造访过终南山翠华池边那棵苍松，也每年数次带外地朋友去观览黄帝陵下的汉武帝手植柏，还常常携着孩子在碑林前的唐槐边盘桓……这些木中的祖宗，旱天雷摧折过它们的骨干，三九冰冻裂过它们的树皮，甚至它们还挨过野樵顽童的斧斫和毛虫鸟雀的啮啄，然而它们全都无言地忍受了，它们默默地自我修复、自我完善。到头来，这风霜雨雪，这刀斫虫雀，统统化作了其根下营养自身的泥土和涵育情操的"胎盘"。这是何等的气度和胸襟？相形之下，那些不惜以自己的尊严和人格与金钱地位、功名利禄作交换，最终腰缠万贯、飞黄腾达的小人的蝇营狗苟算得了什么？且让他暂去得逞又能怎样？

王维实在是唐朝的爱因斯坦，他把山水景物参悟得那么透彻，所谓穷极物理形而上学于他实在是储之心灵，口吐莲花！坦诚、执着、自识，使王维远离了贪婪、附庸、嫉妒的装饰，从而永葆了自身人品、诗品顽强的生命力。谁又能说不呢？的确，"空山"是一种胸襟，"新雨"是一种态度，"天气"是一种环境，"晚来"是瞬时的境遇。"竹喧"也罢，"莲动"也罢，"春芳"也罢，"王孙"也罢，生活中的诱惑实在太多太多，而物质的欲望则永无止境，什么都要的结果最终只能是什么也没有得到。唯有甘于清贫、甘于寂寞，自始到终保持独立的人格，这才是人生"取之不尽，用之不竭"的精神财富。王维的人生态度正是因为有了太多的放弃，也便才有了他"息阴无恶木，饮水必清源"的高洁情怀，也便才有了他哲悟金铂般的千古名篇！

"明月松间照"，照一片娴静淡泊寄寓我无所栖息的灵魂；"清泉石上流"，流一江春水细浪淘洗我劳累庸碌之身躯。浣女是个好，渔舟也是个好，好的质地在于劳作，在于独立，在于思想——这是物质的创造，更是精神的明月清泉 。

 与你共品
yu ni gong pin

贾平凹，当代著名作家，陕西丹凤县人，原名贾平娃。1972 年入西北大学中文系学习，开始发表作品。毕业后曾在陕西人民出版社、西安市文联工作。现为专业作家。他勤奋多产，著作颇丰，著有长篇小说《废都》《白夜》《土门》等，散文集《月迹》《爱的踪迹》等。

本文从王维的《山居秋暝》中的诗句谈起，从自然景物中感悟深刻的人生哲理：人应该怎样看待物质欲望和精神的追求。物质的欲望

固然不能没有,但物质的追求不可无止境,而精神的追求则是无止境的。高洁独立的人格,就是精神的明月清泉。

个性独悟
ge xing du wu

★阅读全文后,你觉得作者倡导的人生态度是什么?

★人常说"书读百遍,其义自见","可我虽将诗句背得滚瓜烂熟,其意义依然不懂",你认为作者当时不懂诗意的原因是什么?

★第三自然段中"只不过是少年时代'为赋新词强说愁'的浮雕和顺延",句中的"浮雕"是什么意思?

★"心间的一泓清潭里不能没有月辉",有什么含义?

★文章结尾所说"精神的明月清泉"是指什么而言?

★为什么说"王维实在是唐朝的爱因斯坦"?

快乐阅读
kuai le yue du

我们得回到幼儿园/···[美]罗伯特·福尔姆

住我隔壁的那人对我颇有成见,我对他也是满腹狐疑。在我看来,他简直就是一个把地工和铲雪工,每日里不厌其烦地和大自然的客观规律做斗争。而在他眼里,我可以用一个简单的词来概括:懒惰。

看吧,只要秋天一到,每星期他都要出去把那些落在地上的叶子把成一个个小堆。而每次只要一下雪,我肯定又可以看到他的身影,不辞辛劳地用他的铲子把那些白色的物质铲到一边。有一次,可能是同时出于急切的愤怒,他居然气急败坏地想把结得厚厚的一层冰霜也给铲掉。"不能让你们这些坏东西给大自然丢脸。"他一边铲一边恶狠狠地说。

于是,我小心翼翼地告诉他其实他并不理解上帝这样安排的意义。我告诉他,叶子并不是从现在才开始飘落,它们在几千几万年之前就已经是这样飘落了,并且也将一直继续飘落下去;我还告诉他,在人类和耙子出现以前,积满了落叶的地球也一直运转得很好;我告诉他,大自然让叶子落在那些需要它们的地方,而这些叶子将变成更多的芳香的泥土,我们需要更多的泥土;我告诉他,我们的土地已经快消耗得差不多了;我告诉他,至于白雪——白雪并不是我们的敌人;我告诉他,雪花是上帝向人类传达信息的一种工具,他告诉人们走路和开车时应该减慢速度,应该告别繁忙的工作休息一下,应该在温暖的被窝里躺上一天,并且,雪总是会自动地消失的,无需人们去铲它。白雪将和落叶欢聚在一起,共同变成更多的泥土,我告诉他。

他的院子的确是非常整洁,我必须得承认这一点——如果整洁非常重要的话。在上回的那一场大雪中,他的汽车没有打滑,事实上我的车子则因为大雪封路而不停地打滑,这一点我也必须承认。此外,即使他是一个热衷于耙地和铲雪的人,他仍然不失为一位好邻居,我对此也毫不怀疑。我自认为是一个心胸开阔的人,我对这一点完全看得开。

看看我的院子吧,上面落满了红色的、黄色的、绿色的、棕色的叶子,就像是铺了一块色彩斑斓的地毯。而他的院子则空空如也。当他在那儿费力铲雪的时候,我则在忙于把雪花收集进瓶子里,等到来年七月,和橘子汁一拌就是绝佳的清凉饮料了。我的另一嗜好就是在下雪时录一卷雪花簌簌落地的声音的磁带(雪的用途何其多也),那简单流畅的旋律,那空灵缥缈的意境,肯定会令你悠然神往。用包装纸包一下,那就是一份最别致的圣诞礼物了,试想一下,你又怎能在音响店买到的磁带中听到这样美妙的声音呢!

我给了他一瓶掺了雪水的葡萄酒作了圣诞礼物,他则送了我一把铲子作为回报。我们彼此在以一种独特的方式教育着对方。我认为他是一个没有信仰的人,因而想方设法地想要改变他。他则认为我是一个信仰太多的人,同样千方百计地试图让我回头。

但是,最终,最终,就最终的意义来说——我想我是赢了。因为不管是我或者他——甚至也包括你——终将在某一天如同落叶和雪花一样,重归大地母亲的怀抱,回到我们应该去的地方——不管我们是喜欢耙地或者铲雪,还是对它们毫无兴趣。

我们对生活应抱怎样的态度呢？是作为一位旁观者静静地享受着大自然的春花冬雪，还是按照自己的意愿来不辞辛苦地与大自然做斗争呢？作者的观点是明确的，但你会赞同吗？也许你有更好的生活态度吧。

★他认为"不能让他们给大自然丢脸"，你同意吗？为何？

★为什么说我们彼此在以一种独特的方式教育着对方？

★为什么说最终我赢了呢？你同意作者说自己赢了吗？

★有落叶，有雪不去扫，这不是教我们懒惰吗？而别人勤快啦，就又有了那一堆说法，这不是语言的健将、行动的矮子吗？你怎样看待这两个问题？

谢　天 / · · · 陈之藩

在小时候，每当冬夜，我们一大家人围着个大圆桌吃饭。我经常坐在祖母身旁，祖母总是摸着我的头说："感谢老天爷赏我们家饭吃。记住！饭碗里一粒米都不许剩，要是糟蹋粮食，老天爷就不给咱们饭了。"

刚上小学的我，正在念一些打倒偶像、破除迷信的课文。我的学校，就是从前的关帝庙,我的书桌就是供桌。我曾给周仓画上眼镜,给关平戴上胡子。祖母的话,老天爷什么的,我觉得既多余,又落伍。

不过,我却很尊敬我的祖父母,因为这饭确实是他们挣来的。这家确实是他们建立的,我感谢面前的祖父母,不必感谢渺茫的老天爷。

祖父长年在风雨里辛劳,祖母每天在茶饭里刻苦,他们明明知道要滴下眉毛上的汗珠,才能捡起田中的麦穗,为什么要谢天?我,一个小孩子,混吃混玩,而我为什么不感谢老天爷?——这个问题,在我的心中一直是个谜。

直到前年,我在普林斯顿,浏览爱因斯坦的《我所看见的世界》,又得到一种全新的体会。

我在读这本书时,看到爱因斯坦对谢天的看法。比如:在与原子始祖波尔的争辩中,爱因斯坦不忘赞美波尔;在数学大师劳伦兹的纪念会上,他的谦卑的致辞更使人动容。我忽然发现爱因斯坦想尽量给人一个印象,即"相对论"不是甲发明的,就是乙发明的,而与爱因斯坦本人不相干似的。就连《相对论》本文中,爱因斯坦也会突然天外飞来一笔:"这如不是劳伦兹,就不能出'相对论'!"像爱氏这种不居功的态度,实在是史册中少见的,爱因斯坦感谢了这位,感谢那位,感谢了古人,感谢今人,就是不提他自己。

我就想,为什么立功者偏不居功?像爱因斯坦之于"相对论",像我祖母之于我家。

几年来自己到处奔波,挣了几碗饭吃,做了一些研究,写了几篇学术文章,真正做了点事之后,才有了一种新的觉悟,即是无论什么事,得之于人者太多,出之于己者太少,因为需要感谢的人太多了,就感谢天吧。无论什么事,也需要先人的遗爱和遗产,众人的支持与合作,机会的等候与到来,这些缺一不可。越是真正做过一点事,越是感觉到自己贡献的微薄。

于是,创业的人都会自然想到天,而败家的人却无时不想到自己。

与你共品

这是台湾作家陈之藩写的一篇富有哲理的散文,作者告诫人们不要居功自傲,更不要贪天功以为己有。个人的力量是有限的,成功的途径是多种的,要虚怀若谷,不要忘记别人对自己的帮助。

个性独悟
ge xing du wu

★第四段中画线句子的意思是什么?

★文章的标题是"谢天",为什么要谢天?请简要回答。(或摘录原文,或用自己的话。)

★第九段结束语是一句很富哲理性的话,结合全文,谈谈你对这句话的理解。

快乐阅读
kuai le yue du

有月亮的晚上 / ··· 王连明

窗外有悄悄说话声,嘁嘁喳喳。我故作严厉地大声问:"谁呀?"说话声顿止,突然又响起一阵哄笑,接着是一群人逃离时纷乱的脚步声。山村里,惊起几声响亮的犬吠。

我拿起书走出屋子。我知道,那是我的学生们,他们是来叫我去学校的。我们这里是山地,学生居住分散,到学校要翻山、穿林、过河,走不少的路。为了大家的安全,学校不让学生晚上到校自习。但是,学生几次向我提出,晚上要到学校做功课,并提出了许多理由:什么家里没通电,一盏油灯一家人争着用啦;什么家里人口多太吵,不安静……好像不到学校就无法完成功课似的。见我还不同意,学生就提出了折中的办法:没有月亮的晚上在家做功课,有月亮的晚上,就到学校去。我仍不同意。其实,我不同意是出于个人的"私心杂念"。因为,晚上是我唯一一点儿可供自己支配的业余时间,我得充分利用这点儿时间,静下心来读读写写。可是,到了有月亮的晚上,就有一群群学生来我家里,他们问我在家干啥?我说看书,他们就说,那咱们赶快去学校吧,你看书,我们做功课,那多好! 我逗他们:说说看,好在哪里?于是他们就笑,而且笑而不答。

学生这样"烦我"我不讨厌,也不生气,因为爱学生是教师的天职。于是就腋下夹着两本书,同学生们一起踏着月色去学校。深秋之时,夜凉如水,真有点儿"霏霏凉露沾衣"的感觉。长空里,纤尘不染,圆圆的月亮很洁净,挂在树梢上,看上去湿漉漉的,仿佛清水刚刚洗过一样,香盘河波光粼粼,如涌动着一河月亮。我们沿着长满杨柳的河堤走着,时而走在树影里,时而走在月光下,这恰似走在"晚凉天净月华开"的意境之中。学生们簇拥着我,蹦蹦跳跳,书包里的铁皮文具盒叮当作响。他们大声嚷,高声笑,全然没有了平时课堂上的拘谨,偶尔谁还"啊——嗬——"地喊一嗓子,肆意挥洒着心中的快乐。

一路欢乐一路歌,到了学校走进教室后,学生们的言行马上收敛了。见我坐在桌前翻开书,他们便不再笑,一个个轻手轻脚坐到位子上。这时,一阵翻动文具的响声之后,教室里便渐渐安静下来。他们开始做功课,女孩子的头发从耳边垂下,遮住了半边脸;男孩子的小眉头一皱,一本正经的样子,那天真、幼稚、纯朴的神情很是悦目。有时候,有的学生偶然抬头向前看,师生目光相遇,都相视一笑。有时有的学生会歪着头,拿起橡皮,用夸张的动作擦本子,擦完了,又抬头朝老师望一眼,娇态可掬。看一会儿书,我站起来在教室里巡视,并轻声指点。发现有的学生写得很快,字却不工整,不用批评他,只要走到他身边停一下,他写字的速度就骤然放慢,字也马上变得规矩起来。我刚一离开,背后就响起了轻轻地撕纸声。不用问,他一定是重写了。双方谁也没说一句话,但又分明是进行了一阵"对话"。有月光的晚上,窗子大开,夜风悄然潜入教室,能感触到额际的发丝在拂动。学生说得不错,我看书,他们做功课,大家无言地相互守着,这样的确很好。

但我是不会让学生在学校待太长时间的,时间久了,他们的家长会惦记。只要功课一做完,马上赶他们回家。学生说:"你不走,我们也不走。"我说你们先走吧,可以一边走,一边唱歌,我坐在教室里听你们唱,等听不到你们的歌声时,我再走。终于大家快活地答应了。他们一出校门就唱起来,而且故意大声唱。我想,他们一定是笑着唱的吧?山村的夜晚很宁静,那歌声,那夹带着稚气的童声,显得极为清亮,且传得很远很远。清脆的歌声不时惊起此起彼伏的狗叫,静寂的夜一下子被搅乱了,于是,喧闹起来,生动起来。听着学生们的歌声,我能准确地判断出哪几个学生朝哪个方向分路了,进了哪道沟,上了哪条岭……歌声渐远渐弱。终于完全消失,狗也不叫了,夜又归于宁静,像搅动的水又重新平复了。这时,只有明亮的月光,默默地照着山野、村庄。那画喧闹,如幻觉一般,让人怀疑是不是真的发生过。

那些有月亮的晚上,真美!

与你共品
yu ni gong pin

一位山村教师和一群山里的孩子们组成了一个快乐的世界。这里有老师的爱心,孩子们的纯真是一个美丽的童话世界。

个性独悟
ge xing du wu

★通读全文,体会文章表达出作者怎样的思想感情?

★这篇文章中有多处对月亮的描写,结合文章中心,说说这些描写有何作用?

★根据故事情节,文章可分为四个部分,如果第一部分用"决定自习"概括,后面那三个该如何概括呢?

★文章最后一段说:"那些有月亮的晚上,真美!"那么,"有月亮的晚上"究竟美在何处?请结合文意回答。

★文中第三段引用了描写月亮的古诗,想一想,在你学过和读过的古诗中有没有描写月亮的内容?如有,请写出来。(要求不少于两句)

快乐阅读
kuai le yue du

梦 /··· 张 洁

　　现在想起来,仿佛是很遥远的事了。在我很小的时候,我常梦见我在溜冰场上大显身手,陀螺般地旋转,流星般地飞驰,燕子掠水般地滑翔。我也梦见过在海浪里嬉戏,跃上浪尖、纵入浪谷。其实我那时既不会滑冰也不会游泳,甚至连海也没有见过,而且那时连冰鞋也买不起一双。

　　我还梦见我既是我自己又不是我自己,我是那样的端庄妩媚,仪态万方,完全不像现实生活中那样畏瑟、灰暗……

　　在梦里,我扮演过多少在我醒时渴望过的美好角色,做出过许许多多毕竟是异想天开的事情。

　　前些日子,我梦见重又回到了少年时代生长过的地方。那山坳、那流水、那树林,宛如我曾爱过的一样。可是,当我张开双臂扑进那树林里去的时候,我发现,我已经不认识它了。

　　林木都已长大,再也找不到儿时的痕迹。而那一棵树呢？大概也早已被人砍伐。当然,谁也不会留心我曾在那上面刻下自己的名字。除了我自己,那名字对谁也没有意义。

　　我怅然地在那树林里徘徊,用我的手掌抚摸着每一棵树的树干,懊悔着自己曾被那许多微不足道的理由所羁绊,而在这样久的时间里,丢失了我曾爱过的这山坳、这流水、这树林……我还能追补回来这许多年里丢失的欢乐吗？

　　我喃喃地对那树林低语:看看我,还认得我吗？我是大雁啊,原谅我过了这许多年才飞回来看你,尽管我已经没有多少力气,尽管翅膀上那些美丽的翎毛已经所剩无几,可我毕竟带着一颗从未忘怀的心回来了。

　　风儿刮起来了,所有的树木全都摇曳着它们的枝丫。树叶儿飒飒地响起来了,我听懂了它们的絮语:不,我们不认识你,你不是大雁,你不是她。她不是这样长满皱纹的,她的心也不是这样落满尘埃的。

　　岁月和生活就是这样地改变了它们和我,我们不再互相认识了。

　　我累极了,我能不累吗? 真的,我早已不是那只蹦蹦跳跳的小山羊。可是,长叹一声,我躺在长满野草的山坡上。

　　变幻的云朵,悠悠地从我头上飘过。我重又看见,在童年的幻觉里出现过的神话:骏马拖着的彩车;飘飘欲仙的美女;富丽堂皇的宫殿……我的心突然变得甜蜜,在那云朵里,我看见了童年时代的自己,那曾是可爱的小姑娘,光着脚丫,吧嗒、吧嗒地向我跑来,戴着用毛笔勾画的眼镜,还有毛笔勾画的皱纹和胡须,张开没有门牙的嘴巴嘎嘎地笑着,并且对我说:"你这个傻老太婆,为什么要找我呢? 我并没有离开你,我一直住在你的心里。不然,你何以有一颗儿童的心呢? "

　　她笑着,从我的身旁飞快地跑过,跳过小溪,跳进树林里去。浅蓝色的衣裙在树干后面闪动着,留下一路天真的笑声。

　　我紧紧地追赶着她,任凭树枝抽打着我的脸颊,灌木挂破我的衣衫,可我无论如何也追不上她。

　　笑声渐渐远去,树林里重又恢复了沉寂。久已不见的、温存的泪水,涌上了我那干枯的双眼,我哭了。

　　我以为那不过是梦,可是等我醒来,我的枕头却真的湿了一片。我再也睡不着了。我想,我曾有过许多虚妄的梦,但我为什么永远没有满足的时候? 我想追求的究竟是什么呢? 我忽然醒悟,我最想留住的,还是那永远没有长大,永远没有变老的心。只有它,才能使我永远充满诚挚和热爱,才能使我从一次又一次的失望中,不只一千次地得到重生。

与你共品
yu ni gong pin

　　　　选自《精美散文》。作者张洁,当代女作家。著有小说集《爱,是不能忘记的》《方舟》,散文集《在那绿草地上》等。在初中,我们曾学过她的《挖荠菜》。本文以"梦"为线索,展开了丰富的想象,表达了对童年生活的眷恋,感慨人生沧桑,赞美童心的纯洁与真挚。阅读时要透过作者的梦境体会其流露的情感。

个性独悟
ge xing du wu

★作者为什么以梦的形式来写这篇文章?

★"我还梦见我既是我自己又不是我自己"表明了什么?

★作者为什么说那树上刻的名字除了她自己,对别人没有意义?

★作者以大雁自比有何用心?

★作者梦醒后感悟最深的是什么?(用原文语句答出)

快乐阅读
kuai le yue du

精神的三间小屋(节选)/··· 毕淑敏

有一颗大心,才盛得下喜怒,输得出力量。于是,宜选月冷风清竹木萧萧之处,为自己的精神修建三间小屋。

第一间,盛着我们的爱和恨。

对父母的尊爱,对伴侣的情爱,对子女的疼爱,对朋友的关爱,对万物的慈爱,对生命的珍爱……对丑恶的仇恨,对污浊的厌烦,对虚伪的憎恶,对卑劣的蔑视……你的一生,经历过的所有悲欢离合喜怒哀乐,仿佛以木石制作的古老乐器,铺陈在精神小屋的几案上,一任岁月飘逝,假若爱比恨多,小屋就光明温暖,像一座金色池塘。假如恨比爱多,小屋就阴风惨惨,你的精神悲凄压抑。如果想重温祥和,就得净手焚香,洒扫庭院。销毁你的精神垃圾,重塑你的精神天花板,让一束圣洁的阳光,从天窗洒入。

第二间,盛放我们的事业。

适合你的事业,主要靠自我寻找。这不但因为相宜的事业,并非像雨后的菌子一样,俯拾即是,而是因为我们对自身的认识,也是抽丝剥茧,需要水落石出的流程。你很难预知,将在 18 岁还是 40 岁甚至更沧桑的时分,才真正触摸到倾心的爱好。当我们太年轻的时候,因为尚无法真正独立,受种种条件制约,那附着在事业外壳上的金钱地位,或是其他显赫的光环,也许会灼晃了我们的眼睛。当我们有了足够的定力,将事业之外的赘物一一剥除,露出它单纯可爱的本质时,可能已耗费半生。然费时弥久,精神的小屋,也定需住进你所爱好的事业。否则,鸠占鹊巢,李代桃僵,那屋内必是鸡飞狗跳,不得安宁。

我们的事业,是我们的田野。我们背负着它,播种着,耕耘着,收获着,欣喜地走向生命的远方。

第三间,安放我们的自身。

这是我们常常犯下的重大失误——在我们的小屋里,住着所有我们认识的人,唯独没有我们自己。我们把自己的头脑,变成他人思想汽车驰骋的高速公路,却不给自己的思维,留下一条细细的羊肠小道。我们把自己的头脑,变成搜罗最新信息网络八面来风的集装箱,却不给自己的发现留下一个小小的储藏盒。我们说出的话,无论声音多么嘹亮,都是别的喉咙都嚷过的。我们发表的意见,无论多么周全,都是别的手指圈划过的。我们把世界万物保管得好好的,偏偏弄丢了开启自己的钥匙。在自己独居的房屋,找不到自己曾经生存的证据。

三间小屋,说大不大,说小不小。我们可以不美丽,但我们健康。我们可以不伟大,但我们庄严。我们可以不完满,但我们努力。我们可以不永恒,但我们真诚。

走过心灵的脚步没有声音

与你共品
yu ni gong pin

　　毕淑敏,当代著名女作家,代表作有《我很重要》《孝心无价》《失去四肢的泳者》等。本文以行云流水般的气势,从三个层次阐述了人应具有的精神世界,文章具有强烈的震撼力。全文字字珠玑,几近完美,几乎做到了增删一字而损其经旨的地步。

个性独悟
ge xing du wu

　　★对于一个"爱",作者细分了尊爱、情爱、疼爱、关爱、慈爱、珍爱,请你说一说各种爱之间的细微差别?

　　★怎样理解"你的一生,经历过的所有悲欢离合喜怒哀乐,仿佛以木石制作的古老乐器"?

　　★"净手焚香,洒扫庭院。销毁你的精神垃圾,重塑你的精神天花板"一句,作者表达的是什么意思?

　　★"鸠占鹊巢,李代桃僵"指的是哪种现象? 为什么说"我们的事业,是我们的田野"?

　　★怎样理解"三间小屋,说大不大,说小不小"中的"大"和"小"?

　　★"精神的三间小屋"的顺序是否可以调换?

装在信封里的小太阳 / ···宋辉 译

　　圣诞节后第一天上课,老师让每个孩子讲述自己的节日生活。坐在库伯前的丹尼斯讲的是和父母在游乐场的抽奖趣闻,他激动地拿出得奖的那张 10 美元钞票向同学们展示。哦,那张绿色钞票,在一帮七八岁孩子眼里的确很炫耀。

　　下午的游戏时间,班里的同学开始陆续离开教室。库伯也收拾好自己的东西。他起身时,眼角的余光无意扫向前边的位置。就在那一瞬间,他居然看见,那张 10 美元的钞票,静静地躺在丹尼斯的课桌下。想必是丹尼斯不当心弄丢了,库伯立即朝已经走到教室门口的丹尼斯叫了一声。不过,只顾着跟同学打闹的丹尼斯没有听见;库伯接着又叫了一声,依然没有回应;刚要叫第三声时,库伯张了张嘴,有个念头忽然从脑子里一晃而过,然后挥之不去。10 美元啊!家境贫寒的库伯想起商店橱窗里价格不菲的漂亮玩具和文具,那些都是父母不可能满足他的。现在眼前就有 10 美元,对一个家庭贫寒、刚懂得价值的孩子来说,未尝不是一种巨大的诱惑。

　　一切很快过去了,没有人注意到教室角落里发生的事情,可库伯一走出教室,立刻就后悔了。他竭力说服自己,那只是从地上捡到的 10 美元;可是,另一个声音总是不断提醒他——那不是捡,是偷!整整一个下午,库伯都在内心里进行着激烈的思想斗争,原来做了愧对良心的事,滋味的确不好受。左思右想,库伯最后决定第二天找个机会,神不知鬼不觉地把钞票还回去。谁知,事情却有了意想不到的变化;丹尼斯发现自己丢了钱,并报告了老师。全班的孩子都被留了下来,由于没有人承认,丹尼斯伤心不已,校长只好请他的家长来学校协商。这一下,库伯慌了,可他又不敢承认。因为事已至此,他一旦站出来,同学们保准会把他看成一个小偷。

不久，丹尼斯的爸爸来到学校，出人意料的是，那竟然是个身材魁梧、穿制服的警察。班上的孩子们开始叽叽喳喳地议论起来，有的孩子还认为校长请的警察爸爸是来抓小偷的。

过了一会儿，校长陪着丹尼斯的爸爸走进教室，孩子们的目光全部好奇地集中在他身上。只有库伯，吓得心怦怦乱跳，手掌也汗渍渍的，生怕丹尼斯的爸爸一个箭步冲过来，像老鹰抓小鸡似的把他这个"小偷"给揪出来。校长讲话的工夫，丹尼斯的爸爸用眼睛扫视了一下所有的孩子们。有一瞬间，他的目光甚至跟库伯对个正着，那种凝视并不威严，然后又看向别处。

轮到丹尼斯的爸爸讲话了，他站在孩子们中间。孩子们惊讶地看见，他的手上握着厚厚两摞浅蓝色信封，每个信封上都端正地印着丹尼斯的名字。他微笑着示意身边的两个孩子打开信封，一个孩子宣布说："每个信封里都有一个小太阳，一模一样的小太阳。"说完，他还拿出一个小太阳示意，那是个用红水彩涂画在一张正方形白纸上的小太阳，泛着金色的光芒。

这时，丹尼斯的爸爸开口说："我儿子丹尼斯今天在教室里弄丢了一张 10 美元的钞票，是小偷偷走了吗？我做了很多年警察，抓过很多小偷，知道小偷是什么样子，所以我敢肯定在这个班里绝对没有小偷。有的只是个犯了错的孩子，而且这个孩子目前还没有足够的勇气承认错误。怎么办呢？我想了一个办法，每人从我这里拿一个装着小太阳的信封回家，如果是没犯错的孩子，请明天把里面的东西封在信封里交给丹尼斯；如果是那个犯了错的孩子，请把 10 美元放在信封里封好交给丹尼斯，留下那个小太阳，等到你承认错误那天亲自还给我。"说着他开始分发那些浅蓝色的装着小太阳的信封。

第二天，丹尼斯收齐了全班孩子的信封带回来，晚上，父子俩一封一封地拆开，果然有一个信封里多了一张 10 美元崭新的钞票，少了火红的小太阳，丹尼斯的爸爸满意地笑起来。

这件事情就此了结，而且孩子们也渐渐遗忘了。即便长大后的丹尼斯偶尔提起，警察父亲也只报之淡然一笑——说起来，10 美元真是件小事，重要的是那个犯错的孩子用特别的方式承认了。何况他确信，有朝一日，他一定会收到那个空缺的小太阳。

很多年以后，库伯也当了一名警察。他不仅勇敢正直，而且在岗位上抵制住了许许多多的外在诱惑。大约在他工作的第三年，库伯因破获诸多重大案件而获得嘉奖，而总部派来颁奖的上司竟然是多年不见的丹尼斯的爸爸。开始，

保持生命的本色

丹尼斯的爸爸并没有认出这个年轻的同行,当他们相互致意后,库伯从口袋里掏出一张白纸慢慢展开,白纸上画着一个闪金光的火红的小太阳,空白处是一行孩子的笔迹:我知道今天犯了大错儿,是我拿走了丹尼斯的10美元。后面落款是库伯的名字和多年前的那个日期。

丹尼斯的爸爸怔了一下,他眯缝起眼睛打量着库伯,笑道:"噢,我想起来了,你就是那个被吓坏了的孩子。"库伯不解地问:"什么?当时您知道是我吗?可您没说啊。"丹尼斯的爸爸颔首说:"凭我的经验,第一眼就知道是你,但我从你的眼睛里看见了焦灼和懊悔,那不是真正的小偷的眼神,所以我必须给一个犯错孩子改正的机会。"

说完,丹尼斯的爸爸接过那张画着小太阳的纸,把一枚奖章端端正正地别到库伯警服襟前,随后两位警察立正,肃然地相互敬了个礼。

与你共品
yu ni gong pin

世界上是没有坏小孩的,只有偶尔犯错的小孩。文中叙述了库伯的一段经历。丹尼斯的爸爸堪称一个伟大的父亲:善良、细心、宽容。库伯也是一个诚实上进、有错必改的好孩子。

个性独悟
ge xing du wu

★从哪些地方可以看出库伯不是真心想偷那10美元?

★作者写丹尼斯的父亲身材魁梧,是个穿制服的警察,有何目的?

★你怎样评价丹尼斯父亲的做法?

★后文写库伯抵制住了许多外在的诱惑,其作用是什么?

★题目中的"小太阳"有什么妙处?

快乐阅读
kuai le yue du

我到底是谁 / · · · 邵司晨

　　我到底是谁?很多时候我真是不明白。在美国小朋友眼里,我是个中国人,我的皮肤是黄的,我的头发是黑的,我会说汉语,我还会写几个中文字。还有我的功课好,是个书呆子。可我在爸爸、妈妈的眼里倒像个美国人,我讲地道的英语,我不肯学中文,我读书不用功。他们老说我像香蕉那样是黄皮白芯,外面看是个中国人,可骨子里却是个美国人。

　　我是中国人,我的爸爸、妈妈是从上海来的,我生在上海,4岁时来美国的。

　　我喜欢是个中国人,老师上课讲到中国时,就会让我上去在黑板上写几个中国字,小朋友们都觉得我很了不起,这个时候我就会很得意。有一次老师说我们那里有一条街修了5年还没修好,中国那么伟大的长城也只用了5年就筑好了,我听了自然很自豪。不过老师又说,为了修长城,死了50万中国人,我有点儿难受,也觉得怪没面子的。

　　我不喜欢是个中国人,我不喜欢爸爸、妈妈说来说去就是让我好好读书,以后申请奖学金上好大学,找一份有高工资的好工作。我的美国小朋友的爸爸、妈妈就从来不这样对他们说。我有一个朋友说她长大了去替人养马,她太喜欢马了。我和妈妈说了,妈妈说这没有出息。还让我以后少和她玩。我还有个朋友说她以后就想做家庭妇女,生很多小孩,她在家带小孩。我没有告诉妈妈,妈妈知道肯定会说她也是没出息的。我不喜欢中国人到哪里都是大声讲话,就是在公共地方也这样,让人觉得很不好意思。我也不喜欢上中文学校,那课文没意思极了,什么王二小的故事,孔融让梨的故事,真是傻傻的。我不喜欢看到中国人穿得很漂亮去派对,却不化妆,或者是妆化得很难看,还有他们的头发老是乱乱的,让人看了很不舒服。

我喜欢是个美国人,真的。美国读书不是那么累,美国老师不会把小朋友比来比去,美国上学没有那么多升学考试,也不用去那么多补习班。美国的家比上海的家大得多,在美国我自己的房间,我可以在我房间门口贴上纸条,就是爸爸、妈妈进来也要先敲门。

我不喜欢是个美国人,我讨厌美国小朋友老骂我是书呆子,说我是老师的宠物,就因为我的体育不是很好,就因为我不懂美式足球。我也不喜欢他们总是嘲笑我是妈妈的小宝贝。

我到底是谁?很多时候我真不明白。我是个中国人,可我自己也觉得不太像;我是个美国人,可和真正的美国人又不一样,我天天吃大米饭,中国菜。我不能理解爸爸、妈妈为什么喜欢吃带头的鸡、连骨的鱼;我也不明白美国人为什么爱吃一个一个生的蘑菇。我不喜欢爸爸、妈妈老当我是小孩,什么都要管;我也不喜欢美国的爸爸、妈妈什么都不管;大冷天穿短裤上学的小朋友也经常会看到。妈妈生我气的时候总是说:"我不再管你了,以后的路是你自己走的,我们做父母的又不能包一辈子。"我想我会走出一条自己的路来的,或许爸爸、妈妈不会太满意,可这是我自己选择的,自己走的。

我到底是谁?很多时候我真是不明白。不过我知道,我就是我,独一无二的我。

 与你共品
yu ni gong pin

　　　　邵司晨,女,写作本文时年仅 11 岁。文章开篇就问"我到底是谁"?然后围绕自己的国籍展开叙述。一个孩子对自己国籍的探讨,有"喜欢"和"不喜欢"之分,无论哪一点,都讲得真诚、实在。说喜欢是个中国人,因为有自己国家的文字,有古老的文明;说不喜欢是个中国人,入木三分地揭露了父辈的封建思想的陈规旧俗,然后又讲述了"喜欢是个美国人"和"不喜欢是个美国人"的原因。那么,我究竟是谁?答案是:我就是我。

走过心灵的脚步没有声音

个性独悟
ge xing du wu

　　★文章三次提到"我到底是谁?很多时候我真不明白","不明白"的角度各不相同,请概括回答三个"不明白"谈及内容的角度。

　　★小作者究竟喜欢是个中国人,还是喜欢是个美国人?还是两者都喜欢?请概括出喜欢的原因及不喜欢的原因。

　　★作者对问题的看法很有主见,文章最能表现小作者有主见的语句是哪些?

　　★结尾说"我就是我,独一无二的我",这句话说明了什么?文章结尾段有什么作用?

快乐阅读
kuai le yue du

梯　子／···周　粲

　　年轻的爸爸和他的儿子一起在后花园放风筝。小小的园地,小小的风筝。小小的风筝飞呀飞的,就飞到了墙外。墙头上的野花,把风筝紧紧地缠着。于是爸爸说,必须去拿一架梯子下来,然后爬上梯子,取下墙头上的风筝。

　　爸爸要爬上梯子,但是儿子说:"爸爸,让我来吧!"

　　爸爸看了看9岁的儿子,想了又想,终于说:"也好,让你来就让你来。"

　　猴子一般地,儿子爬到梯子的最高一级了。

　　儿子转过头来,嘻嘻地笑。他的笑声,像用早晨的牵牛花吹出来的。

　　解开了风筝绕在野花上的线,正要下来,爸爸却用一只大手一个声音制止了他,爸爸说:"慢着!"

　　儿子停住了,望着爸爸,用眼睛问爸爸:"怎么啦?"

　　爸爸说:"我先讲个故事给你听了,你再下来。"

于是儿子笑得更开心,他一手抓住梯子,一手拿着风筝,等爸爸讲故事,爸爸讲的故事,没有一次不好听的。

爸爸说:"从前有个爸爸,告诉他那个站在一架很高很高的梯子上的儿子说:'你跳下来!你一跳下来,爸爸一定会在下面把你抱住。'听见爸爸这么说,儿子很放心,就像游泳时跳进水里去一样,纵身一跳。哪里知道当儿子就要投入爸爸的怀抱里的前一秒钟,爸爸的身体一闪,站在一边。儿子扑了个空,掉在地上,屁股差一点儿就开花。哭哭啼啼地站起身来,儿子问爸爸:为什么要骗他。爸爸说:我要给你一个教训,连爸爸的话都靠不住,别人说的话,更不必说了。"停了一停,爸爸继续说:"我们也照着做一次好不好?"

儿子一听,脸都变白了。

爸爸说:"不要怕,勇敢一点儿,你只要跳那么一次就行了。我要你留下深刻的印象,免得你以后长大了,容易上人家的当。"

但是儿子显然并没有被爸爸的话所说服。他脸上的惊愕的表情,丝毫没有消退。然而他还是不敢违抗命令。他站在那儿,动也不敢动。

爸爸开始发号施令了:"听着啊,我喊一二三,喊到三的时候,你就跳下来,然后我就把伸出去假装要接住你的手缩回来,让你跌一个屁滚尿流!"

站在梯子上,儿子的脸像一个还没熟透的橘子。

爸爸喊了:"一……二……三!"

咬紧牙根,忍着泪,儿子从梯子上跳下来了。他等待着自己的身体像一个南瓜,噗的一声,摔得支离破碎……

然而,好奇怪,爸爸的手竟然没缩回去,他的身体也没移开。他还是定定地站在原来的地方。他把掉到他两手中的儿子,牢牢固固、结结实实地接住了,抱住了。

儿子虽然不曾受伤,但是他的神情,比刚才还要疑惑。睁大了眼睛,他问:"爸爸,你为什么骗我?"

爸爸笑出声来,爸爸说:"爸爸要让你知道:即使是别人的话,有时也是可以信任的,何况是爸爸的话呢!"

所有的玫瑰花,都回到儿子脸上。他搂住爸爸,不住地吻爸爸的双颊。

爸爸和儿子拉着风筝,向后园的一角跑去。

走
过
心
灵
的
脚
步
没
有
声
音

与你共品
yu ni gong pin

　　本文所涉及人物很少,仅仅两个人,情节也很简单,但在这么普通、简单的一件事中却提出了一个很复杂的社会问题,不知从何时起,我们在创造大量物质财富的时候,我们也丢弃了很多的精神财富,仁爱、信任、宽容这些美好的品德好像离我们太遥远了,现在也很少有人再用这些去衡量一个社会、一个人的文明程度与道德水准。那么,我们的社会到底应建立怎样的一种人际关系,怎样来构建我们的精神领域呢? 人与人之间应该建立和谐、信任的纽带关系,不必把人世想得多么复杂危险。

个性独悟
ge xing du wu

　　★儿子要爬上梯子去取风筝,爸爸为什么"想了又想"呢?

　　★爸爸给儿子讲完故事后,为什么"停了一停",再提出让儿子也和他效仿那对父子做法的建议呢?

　　★第七自然段,"他的笑声,像用早晨的牵牛花吹出来的"。把这句话删掉可不可以,为什么?

　　★倒数第五段,爸爸把跳下来的儿子"牢牢固固、结结实实地接住了,抱住了",把其中的"牢牢固固、结结实实"换成"牢固、结实",或去掉其中一个可以吗? 为什么?

　　★爸爸设计这样一个"局",是想告诉儿子什么样的人生道理? 你赞同文中爸爸的做法吗?

　　★你认为人与人之间应该建立怎样的一种关系?

快乐阅读
kuai le yue du

没有信誉就没有生存／···叶 公

说是有一名我们的德国留学生,毕业时成绩优异得很,高才生嘛,理所当然地留在德国四处求职。拜访过很多家大公司,全都被拒绝,搞得他很伤心,很恼火,又没有别的办法,总不能让肚皮饿着吧?狠狠心咬咬牙,收起高才生的架子,选了一家小公司去求职,心想,无论如何这次再也不会被有眼无珠的德国佬赶出门啦!

结果呢?

小公司虽然小,仍然和大公司一样很有礼貌地拒绝了他。

高才生忍无可忍,终于拍案而起:"你们这是种族歧视! 我要控……"

对方没有让他把话说完,低声告诉他:"先生,请不要大声说话,我们去另外的房间谈谈好吗?"

他们走进无人的房间,德国佬请愤怒的留学生坐下,为他送上一杯茶水,然后从档案袋里抽出一张纸,放在他面前。留学生拿起看了看,是一份记录,记录他乘坐公共汽车曾经被抓住过三次逃票。他很惊讶,也更加气愤:原来就是因为这么点儿鸡毛蒜皮的事,小题大做!

讲述这件事的是一位知名学者,讲到这里时他说,德国抽查逃票一般被查住的概率是万分之三,也就是说你逃一万次票才可能被抓住三次。

这位高才生居然被抓住三次逃票,在严肃严谨的德国人看来,大概那是永远不可饶恕的。

当初听见这件事时, 只是想我们这位留学生不该贪小便宜以至于因小失大。直到最近,不断听人说起,国际经济就是信誉经济,似乎才明白了德国人为什么把这件逃票的小事看得那么重要——一个人在三毛两角的蝇头小利上都靠不住,你还能指望在别的事情上可以信赖他吗?一旦受到金钱美女诱惑你怎么敢信任他就不出卖你、不出卖公司的利益呢?一旦将银行的钱借给了他你还能找到他还回来吗?一旦签了合同你还能相信他会不折不扣地履行吗?

一个人的信誉、人格当然要靠自觉去做,但如果全凭自觉,怕是就很难人人都自觉,其结果只能是越来越放纵,而放纵的结果是"卑鄙是卑鄙者的通行证",而真正自觉的人只能越来越吃亏。一味强调自觉只能说明这个社会还不成熟,还太软弱。

还听人说过,在新加坡机场看见过我们的同胞拿着机票没有登上飞机,因为有证据表明,他借阅的图书还没有归还图书馆。而那些曾经在新加坡有过劣迹的,只要他还用他的真名,他就别想再踏上那片国土,因为他从前的行径都已经记录在案,有关部门随时都可以查到。

一个成熟的社会,一个有力量的社会,不但要考察每一个人,而且还要为他们建立必要的档案,这个必要的档案并不是黑档案,而是能够向有关方面证实你的可信度的。这样,银行才可以借钱给你,商人才敢跟你做生意,别人才能与你合作,公司才好聘用你,当然你也可以分期付款购房购物……只要有证据表明你是一位信誉良好的人,信誉就是你的通行证,你就可以受人尊敬地通行于这个文明社会。

如果你不讲信誉呢?只要你敢欠钱不还,或者你敢乘车逃票、撕毁合同、偷税漏税、化公为私、说谎骗人,总之,只要你敢有一次不讲信誉,你就会上了没有信誉者的黑名单,你就会失去许多许多的机会,银行当然不可能再借钱给你,再没有人愿意跟你合作,邻居都要躲着你,哪家公司都不愿雇用你,自然也就没有人愿意跟你做朋友,你在这个文明社会就难以立足。

只有当这个社会不但有舆论,而且有能力惩治那些没有信誉的人时,这个社会才是健全的,我们也才能被人家信赖,我们才能够真正参与到国际经济之中去。

保持生命的本色

与你共品
yu ni gong pin

当你吟诵"卑鄙是卑鄙者的通行证"时,请不要忘记:信誉就是你自由出入文明社会的通行证。本文作者通过举例从正反两方面反复论述了信誉的重要,怎样才能让一个社会有信誉。

个性独悟
ge xing du wu

★如何理解"卑鄙是卑鄙者的通行证"的意思?

★作者为什么说"一味强调自觉只能说明这个社会还不成熟,还太软弱"?作者心目中"成熟社会"的标志是什么?

★请你模仿"信誉就是你立足社会的通行证"这句话,再写两个句子。

例句:信誉就是你交朋友的桥梁。

作文链接
zuo wen lian jie

三个单词/···陈 路

我懒散地躺在床上,玩着一个典型的无聊的游戏:把写着26个字母的78片纸张反向摊在枕头上,先从中抽三个字母,直到拼成一个单词为止,接着抽出四张、五张……如此这般,靠凑成的单词取乐。

而此刻我面对这好不容易凑成的三个单词:man(男人),nature(天然),believe

(信任),却突然涌上一股冲动,便举笔记下了我粗陋的感想。

Man

我不禁想到了项羽,他具有一个男儿的所有特点。

他举义于危难之间,率五国诸侯灭秦朝,他勇猛善战,叱咤风云,建立辉煌霸业。

他却舍弃了关中之地,思念楚国,建都彭城,他自恃武力,刚愎自用,直至乌江自刎。

天地有心归道德,山河无力为英雄!

这是一个男儿的悲剧。

弓指阵前争日月,血流垓下定龙蛇。

命运其实都掌握在自己的手中,祸福的根源,正是我们自己。

一代西楚霸王——力拔山兮气盖世的项羽呵,他在失败面前选择了死,放弃了东山再起的机会。

而我,似乎从未经历过说得出口的失败,却已心灰意冷,放走了大把美好的时间。

面对项羽,我慨然。

其实,个人的挫折面对这悠悠终古,便仿佛更小于瀚海的沙粒,如此微不足道!

项羽错了。

人可以改变命运。洒脱地看待磨难,那么困难实在只能算作是一种磨炼。

正是男儿成败事,不须惆怅对西风。

Nature

如今的世人,仿佛总是在伪装,或是追求表面的浮华。

于是在一片纸醉金迷中,失去了天然。

太喧闹了,甚至战烟弥漫,我们需要的,是一个澄明朗澈的世界。

少了"卷帘当白昼,移榻对青山"的闲适淡逸。

少了"野鹤眠松上,秋苔长雨间"的澄净幽微。

少了"看山看水坐,无名无利身"的狂放洒脱。

摒弃一切羁绊的天真越发无影无踪。

朱光潜说,在百忙中,在尘世喧嚣中,你偶然丢开一切,悠然遐想,你心中便蓦然似有一道灵光闪烁,无穷妙语便源源而来。

找回自己的灵魂,追求真实的天然,时人真的需要好好沉下心来——

沉下心来欣赏艺术,不要让贝多芬的乐曲,浮士德的诗剧,蒙娜丽莎的微笑像破烂晨报般不值一睹。

沉下心来做学问,不要再出现《三减一等于几》之流的所谓另类和《约会秘典》之类的轻浮文学。

在一个纯洁的艺术世界里,本不该有帝都的紫陌红尘、市井的醉生梦死、权贵的尔虞我诈和征战的刀光剑影。

也许,超然地对待一切,便是永恒。

Believe

先说人生。

对酒当歌,人生几何?譬如朝露,去日苦多。——曹操竟也如此惆怅。

临风杪秋树,对酒长年人,醉貌如霜叶,虽红不是春。——白居易为此一醉方休。

这就是我们匆匆忙忙的人生。

而短暂的生命,因为信任而变得真实。

信任,真是一种至高的美丽。

雨天的小鸟信任了大树,春天的大地信任了阳光,半睡的孩子相信了妈妈的童话。尽管有时候,沙漠中的人信任了海市蜃楼。

是信任,创造了情感,友谊、爱情在默契中萌生。

"人生得一知己足矣,斯世当以同怀视之。"知己便是由信到知。

"不多时,一个过路人来了,不作声,不做气地只轻叹一声,便把她带走了。"信任,不需要语言,爱便是因信相随。

即使,信任中包藏欺骗,我们也不应当去怀疑,沙漠的海市,常给人精神的慰藉。

信任是一种真诚,假如人与人之间少了信任,那么生命也变得虚幻。

于是,风儿相信了大地的怀抱。

你相信了他。

走过心灵的脚步没有声音

【简 评】

　　本文构思精巧，作者巧妙地借用三个英语单词抒发了自己对人生的态度：正确面对失败、追求纯真的天然、对人充满信任、渴望生活的真实。作者的文笔极富功力，全文引经据典，大量的古诗词运用使文章更多了一份醇厚，读之如饮陈年老酒，值得细细品味。

天堂入口／···刘　柳

　　我看见一架云梯。

　　云梯的顶端倚靠在一根巨大的横梁上，极目眺去，我看清了那是一架巨大的天平。天平的左端伸入绵软厚实的白云里，天平的右端伸入乌云——那里有可怕的电闪雷鸣。

　　无数的人正爬上云梯，争着向天平的左端走去，然后高高兴兴地隐入白云里，消失了。

　　现在，天平的中间站着一位老人。无边无际的天空中传来一个温和而威严的声音：

　　"你要站在这天平上接受良心的拷问吗？你知道你要面对的是什么吗？"

　　"我知道。"老人这样回答。

　　"你将再次感受你生命中曾经历的寒冷、饥饿、憎恨、嘲笑、蔑视、侮辱、疾病……"

　　"我知道。"老人一脸的平静。

　　"那么，你为什么要这样呢？"

　　"我的一生中，有很多事处于矛盾中，现在我知道错了，在临死之际，我愿意接受良知的审判，以便让我的灵魂得到安息，哪怕死后要下地狱。"

　　"那好，请忠实你的良心——开始吧！17岁时，你搭乘公共汽车，看见扒手行窃，在你就要出手时你犹豫了，可是此前你一直痛恨世间的懦夫，是吗？"

　　"是的……"老人闭上眼睛，回忆的长卷在他面前展开：那时我想管，可又害怕惹来麻烦……

那个温和的声音仿佛看到了他的思想："好吧,向乌云那边跨一步。"

老人向天平的右端迈出一步,脚像踏上烙铁,他痛苦得颤抖。

"20 岁时,你在路边看到了一位被车撞伤的老人,当你伸手准备送他去医院时,你又收回了手,可是此前你一直憎恶人们的冷漠,是吗?"

"是的,我想救他,可是我又怕他的家人误会……"

老人依照那个声音的吩咐,又向右跨出了痛苦的一步。"30 岁时……"

"40 岁时……"

老人在一次次问话中徘徊于天平的两侧,走向白云时,他精神愉快,走向乌云时,他痛苦不堪。终于,天平向乌云处倾斜。老人在闪电中消失了。

"一个可悲的生命,生活中饱受痛苦的煎熬,死后还要走向乌云后面的地狱。"我心想。

然而,在老人消失的瞬间,圣乐响起,天使和众神在云端里微笑、歌唱。

那个温和而威严的声音再次响起:"生活中有很多矛盾,每个人都有自己的价值取向。你选择了逃避,得到的便是痛苦;选择了辛苦,灵魂却能得到自由。当你站在良心天平的中央接受拷问时,你才能得到解脱。"

"乌云背后并不是地狱,恰恰相反,痛苦的前方是天堂。"那声音仿佛是对我说的。

我知道了,面对苦与乐、爱与恨、悲和喜、善和恶、真和假、私欲和公利,正义与邪恶……千万别让良心的天平倾斜了。

【简 评】

这篇文章以童话的形式形象地告诉我们:人生会遇到许多矛盾,是我们无法逃避的。文中的老人站在通往天国的天平中央,接受良知的审判的情节具有象征性——即使我们逃避得了,也会受到良心的谴责,这种谴责甚至会伴随你的一生。富有哲理,显得深刻。

举手 / ··· 聂 璇

　　静静的课堂,老师询问:"谁会背苏轼的《念奴娇》?""请会的同学大胆地举手。"沉默,我举起了手,宛如宁静的湖水泛起了涟漪,注视着老师欣喜的目光,我从容地站了起来:"大江东去,浪淘尽⋯⋯"声带突然卡住了,我忘了,涨红脸,手不停地摆弄着笔,老师鼓励说:"没关系。"我茫然坐下,非常尴尬,非常狼狈。羞愧涂满了脸,窃窃私语声在教室里扩散,我开始后悔为什么那么轻率地举了手呢?

　　是为了表现自己? 不,我害怕别人说我轻浮,说我肚子里的货不多就急于往外倒;说我⋯⋯

　　我开始遵循沉默是金了,当别的同学回答问题时,老师总会向我投来一束困惑的目光,我避开了,我不想再有第二次了,从此我听课的注意力也难以集中。成绩一落千丈。

　　一个晴朗的下午,老师把我叫到办公室,不解地问道:"你最近怎么了? 上课总是魂不守舍的,也不举手,成绩又突然下降。""老师,我⋯⋯""你不要分心啊! 对自己要有信心⋯⋯"

　　沉默,放弃,还是站起,一个声音在心中大声地喊着。他人,还是自己束缚了我前进的步伐。举手,是多好的锻炼机会,锻炼勇气和口才。成功,不是为了别人,而是为了超越现实中的自我,为了内心的升华,何必在乎身边的叽叽喳喳,何必关注别人是否欣赏。畏首畏尾不是我的风格,我宁愿爬着前进,绝不跪着求饶。

　　"走自己的路,让别人说去吧!"我要找回原来的自己。

　　"谁能回答这个问题?"老师在提问。迎着老师期盼的目光,我高高地举起了手。

简 评
jian ping

　　本文写了一次举手,一次难堪,使"我"经历了一段艰难的心路历程。但每一个人在成长过程中会受到这样或那样的挫折,有人沉沦,有人奋起,关键在于我们选择一种什么样的人生态度。作者写"我"最终战胜了自己,"高高地举起了手",你成功了!你的作文成功了,我们不禁大声喝彩:在你人生路上向前跨出了一大步。

到你的星座中去吧!/···丁海鹏

你的位置在哪里?哪里才属于你的位置?打开窗户,吸一口这个城市污浊的空气,我看到了三种人:

"自命不凡"型。上帝抓了一把杂草的种子撒向人间,我就是当中唯一的乔木。我是谁?上帝的宠儿?天使?有我这么酷的天使吗?

"芸芸众生"型。我就是那大海中没有多大意义的一滴水,有了我,这个地球并不会转得更快;没有我,这个地球也不会——算了吧,就算大海中蒸发的一滴泪吧。

"自惭形秽"型。怎么每个人都比我好,怎么每个人都比我有前途?你看看吧,怎么连太阳照在我身上都折射不出七彩的光辉呢?原来我才是那把种子里杂草的种子。

朋友,你是哪种人呢?

关上窗户……哦,不,再让窗户打开吧。我怎么又看见了一种人?这种人我似乎还没有想到叫什么名字,他与这个世界的脚步是一致的,同时又走在这个世界的最前列。他不认为世界的阳光都该留给自己,也不将这地球上的责任都推给别人;他没有将自己的位置抬得很高,也没有压得很低。他是芸芸众生中一个并不普通的自我。

朋友,你需要做的是这第四种人吧?

是的,因为我看见自命不凡者从街上招摇而过,芸芸众生者在街上用两根竹竿支起一个帐篷竞相叫卖,自惭形秽者则在沿街叩头乞讨。唯有这第四种人，满世界都有他们的身影。他们在人世间都找到了自己理想的位置，找到了实现人生价值之所在。

星空下的你，是否也在寻找某一个适合你去的星座呢？星座中的你是否把握住了自己的位置呢？

生命在萌动之初，就有了自己的位置，关键是你要找准它。灿烂的星空，应该让你感动。到你的星座中去吧，那里才有属于你的一片天地；到你的星座中去吧，当你照亮别人的时候，别人也会把你照得更亮！

【简 评】

文章先展开对三种人的描述和评价，予以否定嘲讽，然后重点写"第四种人"，给以恰如其分的肯定、赞扬和热情呼唤。用前者反衬后者，突出了后者对人生位置的高尚追求。

本文有独到之处，文笔流畅自然，给读者留下了想象空间。

活出一份精彩

诚信卷

只有在笑声和快乐中

才能真正体会到成功的滋味

不设防的心灵,最是天真。拆除了心扉,敞开了心窗,友情的阳光才会更容易照进来,爱情的暖风方能更顺畅地吹进来。

　　拥有青春与纯真,才与天真有缘。道貌岸然,勿论天真;老成持重,勿论天真。青春是精品,天真就是美质;青春是旗帜,天真就是清风。保持你天真烂漫的心,你青春的花期将会延伸到人生的每个春夏与秋冬!

四

快乐阅读
kuai le yue du

说奉承 / · · · 贾平凹

　　奉承领袖是喊万岁,奉承女人是说漂亮,一般的人,称作同志的,老师的,师傅的,夸他是雷锋,这雷锋就帮你干许多你懒得干的琐碎杂什。人需要奉承,鬼也奠祀着安宁,打麻将不能怨牌臭,论形势今年要比去年好,给牛弹琴,牛都多下奶,渴了望梅,果然止渴。

　　每个人少不了有奉承,再是英雄,多么正直,最少他在恋爱时有奉承行为。一首歌词,是写少年追求一个牧羊女的,说:"我愿做一只小羊,让你用鞭子轻轻地抽在身上。"现实生活中,我们常常在拥挤的电车上看到有的乘客不慎踩了别的乘客的脚,如果是男人踩了男人的脚那就不得了,是丑女踩了男人的脚也不得了,但是个漂亮的女子踩的,被踩的男人反倒客气了:对不起,我把你的脚垫疼了!世上的女人如小贩筐里的桃子,被挑到底,也被卖到完,所以,女人是最多彩的风景,大到开天辟地,产生了人类,发生了战争,小到男人们有了羞耻去盖厕所。女人已敏感于奉承,也习惯了奉承,对女人最大的残酷不是服苦役,坐大牢,而是所有的男人都不去奉承。

　　对于女人的奉承——我们可以继续说奉承话吧——并不是错误,它发乎天性,出自真诚的热爱美好,最多是我们听到那些奉承的话,看到那些奉承的事,背过身去轻轻窃笑。而不能忍受的,浑身要起鸡皮疙瘩、发麻的,是对一些并不发乎真诚的奉承。有一位熟人,他不止一次地向我发过牢骚,批评他们领导未在位之前是不学无术的。"他老婆都瞧不起他",他说,"连老婆都瞧不起的男人,谁还瞧得起他呢?"可这样的人阴差阳错到了位上,却什么都懂了,任何门科的业务会上,他都讲话,讲了话你就得记录,贯彻执行! 以至于他们同志之间讥讽,也是"你别精得像咱领导"!可是,偏是这样的领导,我的那位熟人,在批评与自我批评的会上来奉承了:"我给咱头儿提个意见吧：你太不爱惜自己的身体了！你的身体难道是你个人的吗?不,是大家的,是集体的！"

我曾参加过许多全国性的会议,出席者胸前都要戴贴着照片的证牌的,我偶然一次往一位已经是70多岁的老太太的证牌上看了一眼,看到的照片是四五十年前的她,于是留心,竟发现所有的老太太们的照片没一张是现时的。照片当然是自己提供的,老太太们都是名人,年轻时又都是美人,不愿意退出美的舞台是可以理解的,但已经鸡皮鹤首了还戴二三十岁的照片,这实在也太奉承自己了。也就在这次会上,我与一位写书的领导住隔壁,墙不隔音,我每天都能听到来访者对领导的头发、西服以及领导所著的叫《××××》的一本书的奉承。我静静地听、不敢笑,也不敢咳嗽,评价着奉承的高明与低下。大多是智商不高,唯有一日出现个口吃的声音,先是寒暄了一会儿,接着就沉默,接着就是要打破沉默的"啨儿""哺儿"的笑,接着说："我给你说件真真,真实的,事。昨天我上,上街,两个人打打、打架了,一个把一个打倒在、在地,在地上的要往起扑,头、头一扬,一扬的。那人打了三、三、三拳,头往上扬、扬的,再用脚踢,头还是扬的,那人在地上摸、摸砖,还是扬,正好旁边有个书、书摊,拿了本书去头上一、一、一拍,头不扬了！你知道那是什么书?是《××××》！"

奉承是要得法的,会奉承的人都是语言大师。见秃头说聪明者绝顶,坏一只眼是一目了然。某人长相像一个名人,要奉承,说你真像××,不如说××真像您,工会的主席姓王,王姓好呀,正写倒写都是王,如果说："你这王主席,长个小尾巴就好了！"王字长了小尾巴成毛字。瞧这话说得多有水平！有人奉承就不得法,人总是要死的,你却不能祝寿时,哎呀,离死又近了一年。领导上厕所,怎么也不该说你亲自去尿呀！我害病住过院,有人来探视,说:听说你病了,我好难过,路上心里想,自古才子命短……你虽然称我是才子,可我正怕死,他说命短,我怎么高兴?有一度关于我的谣言颇多,甚至有了我的桃色新闻,一个来安慰我,说:有些事我听说了,真让我生气！名人嘛,有几个女人是应该的嘛,你千万不要往心上去！他这不是肯定了我的桃色新闻?

每一个生命是有其自信和自尊的,一旦宁肯牺牲自己的自信与自尊去奉承,那就有了企图。企图也可以软赚,奉承为事。寓言里的狐狸奉承乌鸦的嗓音好,是想得到乌鸦叼着的一块肉,说"站惯了"的奴才贾桂,是想早日做坐下的主子。善奉承的眼光雪亮,也绝不肯奉承比他位低势小的,科长只能奉承处长,处长只能奉承局长,一级撵一级,只要有官之阶,人就往高处走。委屈者求的是全,忍小事者为的是大谋。人的生活中是需要一些虚幻的精神的,有人疼痛,相信止痛针,给注射些蒸馏水,就说是止痛药,那疼痛也就不疼痛了,被奉的为了荣誉、利益乐于让他人奉承,待发觉给鸡送来了饲养却拿走了鸡蛋时,被奉承者才明白奉承。

当然,话有三说,巧说为妙,巧说不一定就是奉承。灶王爷之所以是人间普遍喜爱的神,是灶王爷"上天言好事,下界降吉祥"。也正因为灶王爷是没私利的言好事、降吉祥,灶王爷永远未升官晋级。看多了世间的奉承者和接受奉承者,有许多激愤,想想,人本身有私欲,社会又注重权与势,哪里又能消灭奉承者和接受奉承者?

与你共品
yu ni gong pin

　　本文是一篇议论文,论点明确,论据丰富,论证有力。本文列举了社会上一系列爱说奉承话的现象,向世人阐述奉承的虚伪性、功利性,但作者也教会世人说话可巧妙些。

个性独悟
ge xing du wu

　　★社会上的奉承现象给作者带来的心灵震撼是什么? 作者又是如何自我安慰的?

　　★"灶王爷未升官晋级"原因是什么?从反面讽刺了哪种反常现象?

　　★第三自然段作者肯定了什么? 肯定的同时否定了什么?

　　★奉承者得到的是什么? 失去的是什么? 被奉承者得到的是什么? 失去的是什么?

　　★尾句自我安慰,多少有点消极悲观情绪,那么我们乐观点儿看

走过心灵的脚步没有声音

待这一问题，怎样才能铲除"奉承"这一社会毒瘤呢？
　★尾句中能否将"消灭"和"接受"互换位置？为什么？

快乐阅读
kuai le yue du

熟悉的地方没有景色 / ··· 汪国真

友人住在风景秀丽的西子湖畔。

去年，我应邀参加了在杭州举办的一次笔会。那是我第一次到了"上有天堂，下有苏杭"的杭州。

一天，友人陪我游西湖。那天细雨潇潇，水天一色，风景宜人的西湖尽在蒙蒙细雨中。放眼望去，烟波浩渺，如诗如画，不由感叹：西湖风光，名不虚传。

不料，友人淡淡一笑："西湖虽秀，见得多了，不足为奇。"

友人的话，使我缄默良久。

不由想起，前些年在广东上学，暑假回家陪外地的同学游京都，瞧他们到了故宫、长城、颐和园，一个个欣欣然、奋奋然的样子，不由觉得好笑。

几天下来，他们游兴不减，我却已感到精神怠倦。每每在他们玩得兴高采烈之际，颇生打道回府之念，只是怕扫了同学兴致方才一忍再忍，舍命陪君子。

大凡最好的地方，若被自己的步履蹚平了，也就会觉得兴味索然，诚所谓：熟悉的地方没有景色。

记得有一次发表作品的时候，尽管脸上还装模作样一副镇静漠然的样子，心中却早已乐得快不知姓什么好。最后，毕竟按捺不住心头的狂喜，终于撕下"假面具"，吆喝上三五个好友，去学校附近的馆子，结结实实撮了一顿。

及至作品发表多了，那份"漠然"才弄假成真。大概，这也是因为：熟悉的地方没有景色。

熟悉的地方没有景色，这是一种青春的活泼，这是一种不满现状的感觉，这是一种向更高远目标跋涉的动力。

在人生中,长久保持这种感觉并非易事。特别是对于那些走过了许多名山大川和在事业上取得辉煌成就的人来说,更是这样。

对于这样的人,很容易产生的是"黄山归来不看岳,五岳归来不看山"的感慨和"会当凌绝顶,一览众山小"的踌躇满志。

应该说,能在一片"景色"中沉湎,在满堂"喝彩"中陶醉,是人生的一种幸运,因为毕竟没有多少人能有"景色"可以回味,能有"喝彩"声可以慰藉;但这更是人生的一种不幸,因为这无疑是生命的才智的巨大浪费。

漫漫人生之路,自然的风光没有穷尽,人类的事业没有顶点。

我想对自己和友人说的是:凡是遥远的地方/对我们都有一种诱惑/不是诱惑于美丽/就是诱惑于传说/即便远方的风景/并不尽如人意/我们也不需在乎/因为这实在是一个/迷人的错/到远方去到远方去/熟悉的地方没有景色。

是的,快乐永远存在于追求的过程中:到远方去,熟悉的地方没有景色。

与你共品
yu ni gong pin

读完本文,你会惊叹作者文笔之美,对人生感悟之美,文章形式之美。有如一泓清泉,在叮咚落定于心底时也带给我们人生的一种旋律。

读完本文,你也会为作者的"漫漫人生之路,自然的风光没有穷尽,人类的事业没有顶点"所振奋。敢于拼搏,不懈追求,人生才会更加灿烂。

个性独悟
ge xing du wu

★"游西湖""游故宫"的两个例子是为了说明什么?

★怎样理解第十段的"那份'漠然'才再假成真"?

★同是"熟悉的地方没有景色",第八段和第十段所指是否相同?

★怎样理解"熟悉的地方没有景色,这是一种青春的活泼"?

★作者说沉湎于"景色",陶醉于"喝彩"是人生的一种幸运,这说明什么?

★这篇文章告诉我们应度过一个怎样的人生历程?

快乐阅读
kuai le yue du

我要笑遍世界 /··· [美] 奥格·曼狄诺

我要笑遍世界。

只有人类才会笑。树木受伤时也会流"血",禽兽也会因痛苦和饥饿而哭嚎哀鸣,然而,只有我才具备笑的天赋,可以随时开怀大笑。从今往后,我要培养笑的习惯。

我要笑遍世界。

我笑自己,因为自视甚高的人往往显得滑稽。千万不能跌进这个精神陷阱。虽说我是造物主最伟大的奇迹,我不也是沧海一粟吗?我真的知道自己从哪里来,到哪里去?我现在所关心的事情,十年后看来,不会显得愚蠢吗?为什么我要让现在发生的微不足道的琐事烦扰我?在这漫漫的历史长河中,能留下多少日落的记忆呢?

我要笑遍世界。

当我受到别人的冒犯时,当我遇到不如意的事情时,我只会流泪诅咒,却怎么笑得出来?有一句至理名言,我要反复练习,直到它们深入我的骨髓,让我永远保持良好的心境;这句话,传自远古时代,它将陪我渡过难关,使我的生活保持平衡。这句至理名言就是:这一切都会过去。

我要笑遍世界。

世上种种到头来都会成为过去。心力衰竭时,我安慰自己,这一切都会过去；当我因成功洋洋得意时，我提醒自己，这一切都会过去；穷困潦倒时，我告诉自己，这一切都会过去；腰缠万贯时，我也告诉自己，这一切都会过去。是的，昔日修筑金字塔的人早已作古，埋在冰冷的石头下面，而金字塔有朝一日，也会埋在沙土下面。如果世上种种终必成空，我又为何对今天的得失斤斤计较？

我要笑遍世界。

笑声中，一切都显露本色。我笑自己的失败，它们将化为梦的云彩；我笑自己的成功，它们恢复本来面目；我笑邪恶，它们远我而去；我笑善良，它们发扬光大。我要用我的笑容感染别人，虽然我的目的自私，但这确是成功之道。

我要笑遍世界。

只要我能笑，就永远不会贫穷。这也是天赋，我不再浪费它。只有在笑声和欢乐中，我才能真正体会到成功的滋味。只有在笑声和欢乐中，我才能享受到劳动的果实。如果不是这样的话，我会失败，因为快乐是提味的美酒佳酿。要想享受成功，必须先有快乐，而笑声便是那伴娘。

我要快乐。

我要成功。

与你共品
yu ni gong pin

　　"我要笑遍世界"，既是文章的标题，也是文章中作者反复咏叹的一句话。作者以一句"我要笑遍世界"而贯穿全篇，构成文章的意义骨架，感情经络，也形成一种音乐美、节奏感。

　　文章是思想的载体，观念的总汇。《我要笑遍世界》可以看作是作者的自白。文章写的是作者自己生活的强烈感受，展示他自己的深刻的人生体验，熔铸了他的感情，闪耀着智慧之光。笔锋炽热，带有很强的辐射作用，感染着读者。"要想享受成功，必须先有快乐，而笑声便是那伴娘。"作者不光把笑当作生活的重要需要，而看作人生成功的重要条件。

　　本文布局错落有致，语言如诗一般，抒情格调清新隽永，让人回味悠长。

走过心灵的脚步没有声音

个性独悟
ge xing du wu

★作者反复咏叹的一句话是什么？这句话在文中有什么作用？

★第十段中"笑声中，一切都显露本色"在作者看来失败的本色是什么？而成功的本色是什么？

★本文在语言上比较突出的运用了哪些修辞方法？各有什么作用？

★文章中多次提到"笑"，其"笑"的实质是对待生活持什么态度？为什么这样说？

快乐阅读
kuai le yue du

多看了一眼 / ··· [美] 马里杰·斯比勒·尼格

有一回，一位老人对我讲：我年轻时自以为了不起，那时我打算写本书，为了在书中加进点"地方色彩"就利用假期出去寻找。我要在那些穷困潦倒、懒懒散散混日子的人们中找一个主人公，我相信在那儿可以找到这种人。

一点儿不差，有一天我找到了这么个地方，那儿是一个荒凉破落的庄园，最令人激动的是，我想象中的那种懒散混日子的味儿也找到了——一个满脸胡须的老人，穿着一件褐色的工作服，坐在一把椅子上为一块马铃薯地锄草，在他的身后是一间没有油漆的小木棚。

我转身回家，恨不得立刻就坐在打字机前。而当我绕过木棚在泥泞的路上拐弯时，又从另一个角度朝老人望了一眼，这时我下意识地突然停住了脚步。原来，从这一边看过去，我发现老人椅边靠着一副残疾人的拐杖，有一条裤腿空荡荡地直垂到地面上，顿时，那位刚才我还认为是好吃懒做混日子的人物，一下子成了一个百折不挠的英雄形象了。

从那以后，我再也不敢对一个只见过一面或聊上几句的人，轻易下判断、做结论了。

感谢上帝让我回头又看了一眼。

 ## 与你共品
yu ni gong pin

这是美国作者马里杰·斯比勒·尼格的一篇短文。它从一位老人对往事的回忆中，记叙了一件差点造成错误的事情，启发人们对事物应多角度地观察，才能全面、正确地认识事物，才能避免"走马观花"造成的错误。

文章虽短，却写得曲折有致：先是打算在所写的书中加进点"地方色彩"，继而是果然找到，如愿以偿，"令人激动"；接着是多看了一眼，发觉失误，改变看法；最后是对此事的感慨：幸亏多看了一眼。本文抓住人物特征简练地加以描写，文题也具有画龙点睛的作用。

个性独悟
ge xing du wu

★文题"多看了一眼"是指什么？

★作者先说文中的老人具有懒散混日子的味儿是因为什么？后又说他是百折不挠的英雄是因为什么？造成作者前后迥然不同的看法的原因是什么？

★文章虽短，却写得曲折有致，作者这样写的目的是什么？

快乐阅读
kuai le yue du

真理与美德 / · · · [法] 狄德罗

真理和美德是艺术的两个密友。你要当作家,当批评家吗?请首先做一个有德行的人。如果一个人没有深刻的感情,别人对他还能有什么期望?而我们除了被自然中的两项最有力的东西——真理和美德深深地感动以外,还能被什么感动呢?

假使有人告诉我说,某人是个吝啬鬼,我就很难相信他会做出惊天动地的大事业。吝啬这个毛病会使思想闭塞,心灵渺小。吝啬鬼对大众的不幸无动于衷。有时候他甚至于引以自娱。他是个铁石心肠。既然他经常俯伏在银箱上,他怎么会上升到高尚的境界?他不懂时光的迅速和生命的短促。一心只念自己,他不知仁慈为何物。在他的目光中,同类的幸福值得什么,还不如一小块黄澄澄的金属。他从来没有体会过以物质帮助一个困乏的人,减轻一个正在受苦的人的痛苦,以及和一个正在痛哭的人同声一哭的那种意味。他是一个坏父亲、坏儿子、坏朋友、坏公民。为了原谅自己的罪恶,他杜撰了一个理论体系,按照这个理论,一切职责都可以为自己的欲望而牺牲。假使他想去描写同情、慷慨、好客、对国家和对人类的爱这一切高尚的情操,他到哪里去找到这些颜料?在他的心底里,他认为这些美德仅仅是变态心理和糊涂观念而已。

吝啬鬼的一切方法是卑鄙的、琐屑的,他甚至于不敢为了把银钱弄到手而去犯一个大的罪恶;在吝啬鬼之后,思想最狭窄,最容易做坏事,对于真、善、美最无所感的人,要算迷信者了。

迷信者之后,轮到伪君子。迷信者的见解模糊不清,伪君子则是一副假心肠。

假使你出身好,自然赋予你正直的精神和一颗同情的心,你还是暂时离开人群,去独自闭户读书吧。如果乐器不先调好音,它怎能发出正确的和声?你应该对事物具有正确的概念;把你的行为和你的职责作一个比较;把你自己培养成为一个善良的人,不要以为,学习为人之道而付出的劳动和光阴对于一个作家来说是白费的。从你将在你的性格、作风中建立起来的高度的道德品质里散发出一种伟大、正直的光彩,它会笼罩着你的一切作品。假使你要描写罪恶,只要你知道这是在怎样违反公共秩序和群众的、个人的幸福,你就会尽力去描写。假使你要描写道德,那么,如果你自己并不感到欢欣鼓舞,你将用什么方法来谈论,使别人对它发生爱好?你还是回到人群之中,多听听那些能言善道的人,并且常常自言自语地讲讲话。

与你共品
yu ni gong pin

作者狄德罗(1713~1784),伟大的法国启蒙运动者,唯物主义哲学家,18世纪革命资产阶级的大思想家,同时也是一个出色的美学和文学的理论家。

这篇文章节选自《论戏剧艺术、关于作者和批评家》。文章强调对真理和美德的追求,就是要"闭门读书"和"回到人群之中","把你自己培养成一个善良的人",这样才能用真理和美德引起观众或读者的共鸣。文章对吝啬鬼、迷信者、伪君子的批判,可以看作是欧洲19世纪文学创作的理论先导。

个性独悟
ge xing du wu

★本文论述的主要问题是什么?

★体现本文中心论点的句子是哪句?

★文章用了较多的笔墨揭露批判吝啬鬼、迷信者和伪君子的用意是什么?

★第五自然段先说要"闭户读书",后又说"要回到人群之中"去,二者顺序可否颠倒?为什么?

快乐阅读
kuai le yue du

狼的哲学 / ··· 颜元叔

　　长久以来，我有一种感觉，感觉国人缺乏"狠"的精神，缺乏"狠"的哲学。我所谓的"狠"，当然不是好勇斗狠之"狠"，那是属于幼稚心灵的"狠"，只是对人之"狠"。我所谓的"狠"，乃是对事的"狠"，追求完美之"狠"。也许有人不同意我的看法，不过我还是认为所谓"点到为止"，是一句敷衍的遁词；所谓"中庸之道"，是一句力不从心的规避语；所谓"温柔敦厚"，是有气无力的自我文饰。这些格言也许是金科玉律，但也只适用民族活力强盛的时候，因为它们可以作为活力奔放的节制。好比一个体力充沛的人，便该自我驾驭，免得放肆孟浪。但是，今天我们的所谓金玉良言，只会令我们已够松散的心智借着文饰，益加松散瘫软。今天，我们需要的是，使一切细胞闪闪发亮，使每一根肌肉拉紧壮硬，令意识觉醒如一双睁大的眼睛；如此才能汲尽体内心内每一个潜藏的能源，把自己点燃起来，焚燃起来，这便是"狠"。

　　"狠"的要求是彻底，是百分之百。"狠"的要求是迫使自己，做毫无保留的努力，迫使自己对任何事情，追求最高的完美。就以打球为例，在球场上比赛，必须绝无误传，必须每投必中，每罚必进。要做到这个完美程度，就该在训练的时候，狠狠磨炼，甚至折磨，折磨到"死去活来"，上场才能手不发抖，心不乱跳，比一场球如练一场球那么得心应手。假使训练的时候只用了百分之八十的气力，上场比赛，成就自必在百分之五十以下了。听说日本人训练游泳选手，强迫游到晕在池中为止，然后以竹竿捞上岸来；至于东洋魔女打排球，更是"狠"得令人心惊，所以才能名震寰宇。反观我们的球类比赛，上半场上劲，下半场虚亏，总是长力不继，总是心手不一，我想——我是外行人，不知道想得对不对——还是训练得不够"狠"之故。我只是拿球赛做个比方，我们的其他活动一样不"狠"，牙关咬得不够牢，裤带束得不够紧；凡事点到为止，半冷半热，而后美其名曰中庸之道。

　　人的肉体心智是一摊松懈的元素，它的自然趋势是分崩离析，正如一头好睡的猪，关节脱松，肌肉软酥。人必须以自己的意志力收拢身心，把肌肉心智结

活出一份精彩

为一只钻子,向任何岩壁铁板尖锐地钻过去,钻子折断,换一只钻子,坚持再钻,非钻它一个穿孔不可。古人所说,精诚所至,金石为开,大概就是这个道理。如此去做,当然会耗尽体力,耗尽心智,然而,生命的意义就在有价值地损耗自己;搏节活力,生命反而委顿。我以为无论思考、言谈、行事,我们都必须毫无保留地追求到底;是黑是白,必须斩钉截铁地判个分明。温温吞吞的作风,也许能让你活得长久些,可是活得必定十分苟且。只有狠狠鞭策自己,明知自己是凡人,却要做超人的努力,一百分之一百二十的努力;迫使自己把生命化为意志,把意志化为成就,而最高的成就,总是在身心将毁的边缘抢得的。若能如此,个人的活力,民族的活力,才能燃烧起来,亮热如太阳,而阴柔的月,只象征着苍白与衰微。

与你共品
yu ni gong pin

文章一开始就和一般的世俗之见划清了界限。直陈所提倡的"狠",不是一般人所想的对人之"狠",而是对事之狠,对己之狠,不是好勇斗狠之狠,而是追求事业之狠,努力追求完美之"狠"。观点精辟,见解新颖,论述有的放矢。

文中有以打球作为典型而又直观的例证,有"钻子"钻孔的生动比喻,更有正反两种作风的尖锐对比的缜密论述,使文章具有生动的说服力,读后使人心悦诚服。

文章语言运用生动、准确、有力。像"使一切细胞闪闪发亮,使每一根肌肉拉紧壮硬,令意识觉醒如一双睁大的眼睛"等描写,不仅形象鲜明,而且从语感上、节奏上,都生动地展示出"狠"字的内涵。又如用"亮热的太阳"和"阴柔的月亮"分别形容个人和民族活力的两种不同的状态,对表现文章主旨起到了良好的作用。

走过心灵的脚步没有声音

个性独悟
ge xing du wu

★结合课文理解,说说什么是"狼"的哲学?
★作者是怎样阐述道理的? 对我们写议论文有什么借鉴作用?
★体会文中一些词语的精确用法。

快乐阅读
kuai le yue du

感 觉/··· 冯骥才

黄昏时听音乐是一种特殊享受。那当儿,暮色浓深,屋里的一切都迷蒙模糊,没有什么具体清晰的形象映入眼帘,搅乱心脑,心灵才能让听觉牵着梦游一般地飘入音乐的境界中去。哎,你是不是也有此同感?

我这感觉既强又奇妙,以致我怀疑自己有点儿神经质。记得那次绝对是个黄昏,大概听舒曼的《梦幻曲》吧!家里只有我自己,静静的空间灌满了那深沉而醉心的琴音。屋子的四角都黑了,窗前的东西变成一堆分不清的影子,只有窗玻璃上还依稀映着一点淡淡的橘色的夕照。

我的心像被这音乐洗过一样圣洁。不知是心沉浸在琴音里,还是琴音充溢我的心里,一股潜流似的婉转回旋。于是我被感动起来。随之而来,便是这种种动心的感觉渐渐加强, 心里的潜流形成一个疾转的旋涡, 到了感动的潮头卷起,我忽然不能自已。好像有根无形的搅捧,把沉淀心底的乱七八糟的全都翻腾起来。说不出是什么难忘的事或感受过的情绪,也说不出是什么滋味,甜蜜?忧伤?思念?委屈?已经落空的企盼?留不住的甜美?……一下子,大滴大滴的泪珠子竟然自个儿夺眶而出,滚过脸颊,啪啪掉在地上。我倚着门框,仰起头,衣襟很快就湿了一片。我完全不能自制,也不想自制,因为这绝不是一种痛苦,而是一种异常的、令人战栗的幸福的感受。平日里,偶然给什么意外的事物触发,也会生出这样一种感觉,却总是一掠而过,从来没有凝聚起来,这样有力地撞击我的心扉。

然而我不明白,这感觉是怎样来的,是那琴音引来的?到底是哪个旋律、哪个和声打动了我?为什么以前听这曲子从无这般感受?更奇怪的是,以后,多少次,黄昏时,我设法支开家里的人,依旧在这光线晦暗、阴暗重重的安寂的小屋里,独自倚门倾听这支曲子,但再也不曾出现那种忍俊不禁、苦乐交加的感觉了。琴音像一阵微弱的风,难得再在我心中吹起浪头。怎么回事?

感觉是找不到的,只有它来找你。

两年后,我早已忘掉寻觅这感觉的念头,却意外碰到了它。

那是个深秋时节,刚刚下过一场蒙蒙小雨,天色将暮,人在户外,脸颊和双手都感到微微凉意。我才办完一件事回家,走在一条沿河的小道上。小河在左边,蜿蜒又清亮,缓斜的泥坡已三三五五种着一些垂柳;右边是一面石砌的高墙,不知当年是哪家豪门显贵的宅院。这石墙很长,向前延长很远。院内一些老杨树把它巨大的伞状的树冠伸出墙来。树上的叶子正在脱落,地上积了厚厚一层,枝上挂的不多。虽然无风,不时有一片巴掌大的褐色叶子,自个儿脱开枝干,从半空中打着各式各样的旋儿忽忽悠悠落下来,落在地上的叶子中间,立时混在一起,分不开来。大树也就立刻显得轻松一些似的。我踏着这落叶走,忽然发现一片叶子,异常显眼,它比较一般叶子稍小,崭新油亮,分明是一片新叶,可惜它生不逢时,没有长足,胀满它每一个生命的细胞,散尽的汁液与幽香,就随同老叶一同飘落。可是,大自然已经不可逆转地到了落叶时节,谁又管它这一片无足轻重的叶子呢?我看见,刚才雨滴,却正像它无以言传的伤心的泪。它多么热爱这树上的生活——风里的喧哗,雨里的喧闹,阳光里闪动的光华,它多磨、苦涩、烦恼、欺骗和不幸,谁愿意丢弃它?甚至依旧甘心把一切奉献给它。生活,你拿什么偿还一切生命对你的奉献?永远是希望吗?

我怜惜地拾起这片绿叶,抬眼一望,蓦然发现高高的、被雨淋湿发暗的墙头上,趴着一只雪白的猫,呆呆瞧着我;杨树深处,有两扇玻璃窗反映着雨后如洗的蓝天,好像躲在暗处的一双美丽的眼睛……突然,就是这突然的一下,我被莫名地感动起来。那次听音乐时所产生的异常的感觉，又一次涌入我的心中，在我心里翻江倒海地搅动起来，视觉又一次被止不住的大股热泪遮挡住了。我站在满地褐黄斑驳的落叶中间，贪婪享受这又甜又苦的情感，并任由这情感尽情发泄和延长，多留它一些时候。谁知它只是这一小阵子，转眼竟然雾一般渐渐消散。好似一下子都拥聚与凝结起来的事物，又一下子分散开来，抓都抓不着。咦，这是怎么回事？

我手里拈着这片闪光而早落的叶子，痴呆呆地站着。

与你共品

冯骥才，当代著名作家，祖籍浙江慈溪，1942年生于天津市。主要作品有中篇小说《铺花的歧路》《三寸金莲》《神鞭》，以及散文集《珍珠鸟》等。

开拓人的精神世界是冯骥才创作的一个突出的特点。本文即是一篇充满深刻内涵的哲理性抒情散文。文章写了两次独特的感觉，表达了作家对人生、对生活的感动。

生活在现代社会，嘈杂喧闹的环境会使人的感觉日益变得迟钝起来，不再对周围的细微变化有"感觉"，一切都习以为常，因此而失去一些非常宝贵的经验和体会，这是现代人的遗憾。但"感觉"是源于生命深处的，它不会消失，只是潜藏起来，一旦有了契机，便会复苏。作者在这篇文章里，便是以自己的亲身体验，向读者展示了这种"感觉"。

"感觉"是因人而异的，不同的氛围、心绪、时机、素养以及人生阅历都会使人产生不同的感觉。作者因其有着深厚的艺术修养，因而才会有深刻的感悟，"感觉"也才显得独到而深邃。文章还告诉我们，刻意去追求某种感觉是寻找不到的，而感觉的袭来又常常是在你毫无准备之时。

阅读本文，要注意体会作者是怎样把自己的感觉写得亲切自然，真切感人的。

个性独悟
ge xing du wu

★读过全文,题目"感觉"的含义在文中作者没有明讲,你认为这是一种什么样的感觉呢?

★第一自然段中说"梦游一般地飘入音乐的境界中去","梦游"一词描绘了作者当时什么样的感觉?

★第二自然段作者为什么要在"记得那次是个黄昏"之间加上"绝对"二字?

★第三自然段中作者听舒曼的《梦幻曲》时为什么落泪了?

★听乐曲时的感动是抽象的、无形的感觉,作者是怎样把这种感觉具体地描绘出来的?

★为什么以后哪怕是创造同样的环境来听乐曲,却再也没有以前的那种感觉了呢?

★两年后,作者意外碰到的感觉是什么?

★文章的内容是写"感觉",七、八两个自然段在写感觉的同时,为什么用了大量笔墨来写景物?

★作者对这一片新叶的感觉为什么是"又甜又苦"的呢?

快乐阅读
kuai le yue du

享　受 / ··· 张晓风

我不是一个享乐主义者,但对我而言,我仍坚持:活着,即是为了享受生活。像"享受"这样至善至美的字眼有时候也会被污染,真是令人气愤。享受是安息,享受是感谢,像一条自足的小溪满意地沿它曲折多石的河道,于是一路唱着歌蜿蜒前行——这是享受。我深信,真正的园艺家既非自炫,也不为卖花赚钱,他只为看到一园生命的欣欣向荣,他只为看到小芽初碧时惊动泥土大地的那一个跃姿,他只为看到经霜的松枝中可以老得多么迷人,他只为看到每一朵花开代表了一个生命的必然胜利!他要的是每一朵他所植下的花,享受它自己的花色、花形和花期。"如果那朵花凋谢了呢?"你问,"难道让他享受自己的萎败吗?"不是的,那朵花仍有很多可以享受的。它可以享受自己丰盈的记忆,累累垂垂的记忆;它可以享受"化作春泥更护花"的尊严;它可以享受花朵一旦变成一粒种的惊讶;它可以享受在泥土下温暖潮湿的黑暗里,怎样把自己舒展、打开,逐渐舞成一株新我的喜悦。因此,容许我深信,上帝造人,是为了让我们享受。中世纪的苦修教士,甚至穿着粗毛扎人的内衣以求自虐,我不是认为他们得到了上帝的喜悦。正如我认为"割股养亲"不是真正的孝,没有一个正常的父母能咽得下儿女的肉,那是一种愚蠢的道德。我也这样解释母亲之缔造生命,不是为巩固自己在家庭中的地位,不是为证明自己的生育能力,不是为养儿防老。一个好母亲不为那些理由生孩子,她要一个孩子,是因为她信仰生命的本身。她要一个孩子,是因为欣悦于自己的四肢百体,有如风中的花享受着自己的每一瓣洁白,相信从那里面可以缔造另一个完整。她要一个孩子,是因为"活着是如此美好",而她愿意另一个新生命来分享这份美好。

英文里"share"一词是一个好听得像音乐一样的字眼,它代表的意思是"分享、共享",但不管是分、是共,我们自己必须先有饱饮的、满足的心灵。孙中山先生把林肯的"民享"看作是神来之笔,一字之间,每见胸襟,"民享"真是大政治家的口吻——但不要忘记,在这一切之前,我们先肯定了人世的种种美好,那个"享"字才有其意义。

上帝造人,是于茫茫大化中唤醒一沃沉睡的春泥,赋之以形象,赋之以气息,赋之以与上帝同尊同荣的"天子"的地位。他给了我们什么?他给了我们全宇宙,再加上他自己。

稚小的婴儿怎样表示感谢?他只要大口地享受乳汁,愉快地将小头贴在温暖的被褥上欣悦地睡着,便能给父母极大的满足。

而当一个成人在晨起的时候,大口呼吸着朝露,深夜赶路的时候,偶然抬眼,虔诚地为每颗星加一个惊叹号,当他坐下沉思——我正在认真地享有这一切——他便已在不知不觉中完成了上体天心的境界。

去享有生命的一切吧,并且心存感谢。

去享有生命的一切吧,并且分享别人。

与你共品
yu ni gong pin

　　张晓风，台湾著名散文家、小说家。祖籍江苏铜山，1941 年生于金华，毕业于私立东吴大学中文系。她兴趣广泛，除写散文、小说外，还有多部舞台剧。主要著作有散文集《地毯的那一端》《给你，莹莹》《愁乡石》等，小说《哭墙》，戏剧《画爱》《第五墙》等。她的作品风格清新优美，文笔简洁、深沉。

　　这篇短文把"享受"人生的意思说得清楚明白，其实作者远不是要为这个词语作些什么样的阐释，而是借这个词语来表明自己对人生、对生活的看法。生活是美好的，生命是可爱的，我们就应该好好地生活，充分品味生活的美好，感受生活的美好，创造更美好的人生。把我们认为美好的一切都与他人分享，把我们创造的一切美好都奉献给他人。这就是最美好的人生。

个性独悟
ge xing du wu

　　★阅读全文，你觉得作者在本文中对"享受"是怎样理解的？
　　★文章说像"享受"这样至善至美的词也会被"污染"，"污染"是什么意思？你能举出些例子来吗？
　　★为什么说花凋谢了也是"享受"？
　　★为什么说我们必须先肯定了人世的种种美好，林肯所说的"民享"的那个"享"字才有其意义？
　　★应该怎样理解文章中所描写的"稚小婴儿"的感谢？
　　★应该怎样理解文章结尾的两句话"去享有生命的一切吧，并且心存感谢。去享有生命的一切吧，并且分享别人"？

走过心灵的脚步没有声音

放松的境界 / ··· 邹静之

每个人都有放松自己的方法,有的人越累越去游泳,打网球;有的人去一个谁也不认识的小酒馆喝酒;而某些人只想回家,用摸熟了的钥匙,打开家门,闻到熟悉的气味……这感觉,说是回家了,更像把自己从一个远的地方找了回来。

忙碌的人,一天在外要扮各种各样的脸——热脸、冷脸、恶脸、苦脸。有几张脸是自己的?不知道。很多人会在打开门的一瞬间放松,放松是喜悦的开始,甚至可以不要喜悦,只要回家,放松。

我大概不属于这种人,有一个原因:没那么忙。尤其在外边没那么忙。一个不忙的人应该对放松或休闲这种时尚的话题少说。

有个曾同在北大荒下乡的朋友,每天坚持跑一万米,就在楼下的操场上,400米的跑道跑25圈。每天都跑,大年初一也跑。我问过他一个很不是问题的问题:"累不累?"

他回答的话让我几天都在琢磨。他说:"跑累,不跑更累。"我当时就没有听懂这话,但没有继续问他(我有对深奥的话语不懂装懂的毛病)。分手后我开始想为什么不跑反而更累呢?跑了累,是体力上累。不跑怎么会累?哪儿累?比如今天有风不跑了,多睡会儿吧。一个人放弃一种准则,中断应该行进的事,会怎么样?谴责自己,一天都觉得不是滋味。你没去跑,你找了个原因逃避了,不是风的问题是你没有力量。这种累从心里生出来,纠缠你,赶也赶不去! 不跑更累指的是心累吧。

他回答的是不是这个意思,我没有再见到他,也没有验证。但就以往的接触看,他是这样的。

他放松自己的办法,是按照自己的准则去生活,他觉得一个人的心要是累了,比体力上的累更有过之。我觉得自己也有这样的体会,我没干过什么重大的事,但每天总想着要干一点,如果两三天什么也没干,会有种特殊的感觉出现。如果把"闲饥难耐"这话转过来的话,就是"闲累难当"。闲反而累了,像虎妞说祥子一样:"你不出一身臭汗,不舒坦呀!"

一个需要放松的人,他先需要受累,这其实很简单。话说到这儿,我觉得休闲可以永远不是个话题(虽然这样的文字很多了),起码它不必是个热门的话题。一个真正累了的人,他别的也许不清楚,怎么放松,他自己最清楚。倘若他从来就没累过,那也谈不上什么休闲了。

而我看着那些穿上特定的休闲装,翻着休闲文字去找休闲的人,实在很累。

休闲的品位也不是在形式,在心里,你可以像李白一样"相看两不厌,唯有敬亭山",就那么一直坐下去。

也可以用别的形式,比如跑一万米,跑过之后,自然而然地得到种宁静,得到种内心的平静。闲,说到底不是说休就能休出来的,"偷闲"一词可见闲之难得。

再说每个人对闲的休法也不同,有个同事认为打麻将是世间最累的事,而另一个人觉得最能放松自己的事是做饭,我想如果让一个人教会一个人去休闲也许很难,也没有必要。

说这些话已经使自己很不放松了,不知道自己什么时候能有"跑累,不跑更累"的境界,闲的境界,或许比别的更难求。

与你共品
yu ni gong pin

休闲,是一个时髦的话题,本文作者对休闲却独持见解:只有真正累过的人,才最懂得放松与休闲。

文章层次清晰。从人们不同的放松方式谈起,进而谈到只有忙碌的人才有真正意义的放松。引出富含哲理的观点:"跑累,不跑更累。"阅读本文,要特别注意领悟这句话的深刻内涵。

本文语言浅显,内容丰富,可以引起读者的深思:人,应该怎样对待生活?是按照自己的准则生活,在累过以后品尝放松的甜美,还是"闲得更累"?这就是作者所说的是体力累,还是心累。

个性独悟
ge xing du wu

★作者认为"放松的境界"究竟是怎样的境界？

★为什么说回家的感觉"更像把自己从一个远的地方找了回来"？

★作者为什么认为一个不忙的人应该"对放松或休闲这种时尚的话题少说"呢？

★作者认为放松自己的最好办法是什么？

★为什么说"休闲永远不是个话题"？

★"闲的境界"为什么"比别的更难求"？

★文中所引李白的诗句，出自他的哪首诗？你能写出全诗来吗？

快乐阅读
kuai le yue du

我很重要 / ···毕淑敏

当我说出"我很重要"这句话的时候，颈项后面掠过一阵战栗。我知道这是把自己的额头裸露在弓箭之下了，心灵极容易被别人的批判洞伤。

许多年来，没有人敢在光天化日之下表示自己"很重要"。我们从小受到的教育都是——"我不重要"。

作为一名普通士兵，与辉煌的胜利相比，我不重要。

作为一个单薄的个体，与浑厚的集体相比，我不重要。

作为一位奉献型的女性，与整个家庭相比，我不重要。

作为随处可见的人的一分子，与宝贵的物质相比，我们不重要。

我们——简明扼要地说，就是每一个单独的"我"——到底重要还是不重要？

我是由无数星辰日月草木山川的精华汇聚而成的。只要计算一下我们一生吃进去多少谷物,饮下了多少清水,才凝聚成一具美轮美奂的躯体,我们一定会为那数字的庞大而惊讶。平日里,我们尚要珍惜一粒米、一叶菜,难道可以对亿万粒菽粟亿万滴甘露濡养出的万物之灵,掉以丝毫的轻心吗?

当我在博物馆里看到北京猿人窄小的额和前凸的吻时,我为人类原始时期的粗糙而黯然。他们精心打制出的石器,用今天的目光看来不过是极简单的玩具。如今很幼小的孩童,就能熟练地操纵语言,我们才意识到已经在进化之路上前进了多远。我们的头颅就是一部历史,无数祖先进步的痕迹储存在脑海深处。我们是一株亿万年苍老树干上最新萌发的绿叶,不单属于自身,更属于土地。人类的精神之火,是连绵不断的链条,作为精致的一环,我们否认了自身的重要,就是推卸了一种神圣的承诺。

回溯我们诞生的过程,两组生命基因的嵌合,更是充满了人所能把握的偶然性。我们每一个个体,都是机遇的产物。

常常遥想,如果是另一个男人和另一个女人,就绝不会有今天的我……

即使是这一个男人和这一个女人,如果换了一个时辰相爱,也不会有此刻的我……

即使是这一个男人和这一个女人在这一时候,由于一片小小落叶或是清脆鸟啼的打搅,依然可能不会有如此的我。

一种令人怅然以至走入恐惧的想象,像雾霭一般不可避免地缓缓升起,模糊了我们的来路和去处,令人不得不断然打住思绪。

我们的生命,端坐于概率垒就的金字塔的顶端。面对大自然的鬼斧神工,我们还有权利和资格说我不重要吗?

对于我们的父母,我们永远是不可重复的孤本。无论他们有多少儿女,我们都是独特的一个。

假如我不存在了,他们就空留一份慈爱,在风中蛛丝般飘荡。

假如我生了病,他们的心就会皱缩成石块,无数次向上苍祈祷我的康复,甚至愿灾痛以十倍的烈度降临于他们自身,以换取我的平安。

我的每一滴成功,都如同经过放大镜,进入他们的瞳孔,摄入他们的心底。假如我们先他们而去,他们的白发会从日出垂到日暮,他们的泪水会使太平洋为之涨潮。

面对这无法承载的亲情,我们还敢说我不重要吗?

我们的记忆,同自己的伴侣紧密地缠绕在一处,像两种混淆于一碟的颜色,已无法分开。你原先是黄,我原先是蓝,我们共同的颜色是绿,绿得生机勃勃,绿得苍翠欲滴。失去了妻子的男人,胸口就缺少了生死攸关的肋骨,心房裸露着,随着每一阵轻风滴血,失去了丈夫的女人,就是齐斩斩折断的琴弦,每一根都在雨夜长久地自鸣……

面对相濡以沫的同道,我们忍心说我不重要吗?

俯对我们的孩童,我们是至高至尊的唯一。我们是他们最初的宇宙,我们是深不可测的海洋。假如我们隐去,孩子就永失淳厚无双的血缘之爱,天倾西北,地陷东南,万劫不复。盘子破裂可以粘起,童年碎了,永不复原。伤口流血了,没有母亲的手为他包扎。面临抉择,没有父亲的智慧为他谋略……面对后代,我们有胆量说我不重要吗?

与朋友相处,多年的相知,使我们仅凭一个微蹙的眉尖、一次睫毛的抖动,就可以明了对方的心情。假如我不在了,就像计算机丢失了一份不曾复制的文件,他的记忆库里留下不可填补的黑洞。夜深人静时,手指在撤了几个电话键码后,骤然停住,那一串数字再也用不着默诵了。逢年过节时,她写下一沓沓的贺卡。轮到我的地址时,她闭上眼睛……许久之后,她将一张没有地址只有姓名的贺卡填好,在无人的风口将它焚化。

相交多年的密友,就如同沙漠中的古陶,摔碎一件就少一件,再也找不到一模一样的成品。面对这般友情,我们还好意思说我不重要吗?

我很重要。

我对于我的工作我的事业是不可或缺的主宰。我的独出心裁的创意,像鸽群一般在天空翱翔,只有我才捉得住它们的羽毛。我的设想像珍珠一般散落在海滩上,等待着我把它用金线串起。我的意志向前延伸,直到地平线消失的远方……

没有人能替代我,就像我不能替代别人。

我很重要。

我对自己小声说。我还不习惯嘹亮地宣布这一主张,我们在不重要中生活得太久。

我很重要。

我重复了一遍,声音放大了一点儿。我听到自己的心脏在这种呼唤中猛烈地跳动。

我很重要。

我终于大声地对世界这样宣布。片刻之后,我听到山岳和江海传来回声。

是的,我很重要。我们每一个人都应该有勇气这样说。我们的地位可能很卑微,我们的身份可能很渺小,但这丝毫不意味着我们不重要。

重要并不是伟大的同义词,它是心灵对生命的允诺。

人们常常从成就事业的角度,断定我们是否重要。但我要说,只要我们在时刻努力着,为光明在奋斗着,我们就是无比重要地生活着。

让我们昂起头,对着我们这颗美丽的星球上无数的生灵、响亮地宣布——我很重要。

与你共品
yu ni gong pin

　　本文是一篇真知四溢、真情四溢、才华四溢的精品。很久没有读到这么气势跌宕、酣畅淋漓的作品了,很久没有读后心潮激越、浮想联翩的感觉了。本文观点鲜明,想别人未想,说别人未说,而且是大声地对世界宣布。强调人性的重要、人的重要,大肆张扬人性、人的自我价值;反对传统、陈旧的价值取向,向压抑、泯灭人性、个性的传统观点发起势如破竹的疾风暴雨式攻击。情字串穿全篇,人间一切的情感使"我很重要"了起来,极有人情味和雄辩力。本文语言浑然天成字字珠玑,俯拾皆是的修辞无一不是经典,令人折服八斗才气。

个性独悟
ge xing du wu

　　★说出"我很重要",为什么会"心灵极容易被别人的批判洞伤"?我们从小受到"我不重要"的教育的理由是什么?

　　★能够证明"我很重要"的第一要素是什么?作者为什么要选取这个作为第一点来谈?

　　★对夫妻而言最重要的是什么?我们的存在对孩子来说是什么?

"包扎"和"谋略"的内涵是什么?

★文中哪句话表现了我和朋友的"相知"?哪句话体现了我对于朋友的重要性?哪句话体现了痛失朋友的悲哀?

★作者论述"我很重要"依次从哪几个方面展开的?为什么要采用这样的论述顺序?用简要的语言说一说本文的特点。

作文链接
zuo wen lian jie

看重自己,欣赏别人 / ··· 沈静芬

人来人往,穿梭不定,在这形形色色的人群里,你是否曾注意到周围的人呢?

每一个人都是一件精致的艺术品,有各种不同的风貌特质,需要以出自心灵的诚挚眼光去细细品味,这就是欣赏。

欣赏,是一种包容,也是一种渊博。因为唯有了解了如何去欣赏他人,我们的心中才存有敬重、谦逊和诚恳。而如何理性地去欣赏,也是一门高深的学问。

孔夫子曾说:"三人行,必有我师焉。择其善者而从之,其不善者而改之。"一针见血地指正我们,从欣赏别人中,学习自强与自立。不必嫉妒及过分地模仿对方的优点,更不需要自卑、畏缩;而要以一个真正的自我来革除恶习、充实良知,不只是一味地被人牵着鼻子走。

相对的,欣赏别人,还要看重自己,可说是给自己的一个充分肯定和自信,不受卑劣的情欲左右,不被外界环境干扰,把独具的禀赋发扬光大,然而却不狂妄、自大和高傲。

神造万灵无赘品,天生我材必有用。学着看重自己,而看重自己之余也学着欣赏别人,二者相辅相成,从并肩共进里举步。

"从一粒细沙观看世界,从一朵野花想见天堂;在你手掌中把握无限,在一刹那间抓住永恒。"让我们好好发挥、把握和珍爱,最真实地从相遇的人们身上去发现、欣赏并赞美,而你也将获益匪浅。

四

【简　评】
jian　ping

　　读罢此文令人惊喜,这样成熟的文章言辞虽短,但容量实大。有感于此文,我要说把我们人格中、行为中、语言中那些虚假矫饰的东西都去掉吧,让我们互相之间能够看到对方真实的脸。

朋友,别说不行／···潘沁毅

　　人生的**旅途**上处处长满了荆棘,鼓起你的勇气,大步向前。请相信,路是人踏出来的,**别说**——你不行。

　　谁一生下来便会走路,便会写字？知识要靠积累,勇气靠磨炼。别再红着脸,腼腆地说:“我不行。”

　　课堂上,有问题时只管站起来发言,不必紧张,不必害怕,勇敢发表自己的见解。即使未必正确,没有人会讥讽你,即使说得结结巴巴,投向你的,只会是敬佩的目光, 同学们只会在心中为你鼓掌。因为你远比只敢在课桌下点点评评、窃窃私语的人了不起。喔,别说——不行。一个生活的勇士,是敢在别人面前展露自己缺点的。

　　万事总是开头难,义无反顾地面对挑战迈出决定性的第一步,紧接着就会有第二步、第三步……别说——你不行。

　　运动场上,请迈开步伐去拼搏、奋斗吧,别因身体孱弱而退缩,经不起波浪的鱼儿永远不能跃出水面;只会躲在安乐窝中的雏鹰终究无法在苍穹中翱翔。不要害怕跌倒,它只会使你的脚步更踏实、矫健;不必担心失败,失败乃是成功之母。通往胜利的路上充满着坎坷，爱迪生为发明电灯曾试验过一千多种灯丝，每次失败，他从不气馁，当有人嘲笑他时，他敢自豪地说："我发现了一千多种物质不适合做灯丝。"这是怎样的勇气和自信心啊！朋友，困难在强者面前只能是纸老虎。当你成功时，你就会发觉："这并不难，我行。"

说不行，永远是一种怯懦的表现，总想为自己筑造一堵墙，自卑地乞求人们莫要剥去他的虚表。朋友，你是否知道：世界之大，方寸之小，若不举步，何来坦道。一个自信，勇于开拓进取的人四周总是充满阳光。世界上没有平坦的路可走，只有在崎岖不平的路上不断攀登，才能达到胜利的顶峰。

不要让美好的青春在一片"不行"声中蹉跎过去，等到醒悟时，双鬓已斑白。莫让一生碌碌无为，举步踏入长满荆棘和阳光的大路，让生命散发光和彩。

朋友，请别再说——你不行！

【简 评】
jian ping

谈话明理，形式新颖。

作者多次运用"别说——你不行"，以与友人谈心的亲切形式，阐明了"人生无坦道，奋勇向前进"的道理，让人感染，令人亲近，引起读者的共鸣。

多方论证，说理清楚。作者采用了正反对比论证法、喻证法和例证法进行论证，使文章颇具一定的说服力和感召力。

文章开篇指出"人生的旅途上处处长满了荆棘……别说——你不行"，文末号召"举步踏入长满荆棘和阳光的大路，让生命散发光和彩。朋友，请别再说——你不行！"。首尾呼应，结构严密。

永远不要说放弃 / ···汤蓓蓓

　　进赛场前,同学们在一起紧张地议论,今年"楚才"会出什么样的题目?有个同学说:"如果题太怪,我就不写,坐到9点半交白卷出场。"我们都笑了。笑声过后,老师认真地说:"玩笑归玩笑,但不论遇到什么题,都要尽力去写,决不能放弃。"进了赛场,一拿到考卷,脑子里仿佛一片空白,但想想老师的话,决定还是去认真对待,因为永远都不能说放弃!

　　一个人来到这个世界上,他就要向世界证明:我实实在在,真正地活着。只有证明了这一点,当他重新回归大自然时,才能够自豪地说:"这辈子没白活!"人活着,就要有坚定的信念和自信心,就要在通向成功的道路上马不停蹄地前行,就不要说放弃!

　　人在奋斗的征途中,不可能永远一帆风顺,多多少少总会有一些坎坷和波折。既然如此,世界上就会有强者和弱者之分,前者在接受命运挑战的时候说:"我永远不会放弃!"而后者却说:"好,我放弃!"

　　一个音乐家,失去了最宝贵的听觉,但他对自己所热爱的事业丝毫没有放弃,用自己的勇气减轻了生命的打击,创作出了令世界惊叹的乐曲,他的名字传遍世界。他就是音乐家——贝多芬。

　　美国作家海明威的自杀给后人留下了许多争议。从某一方面讲,我认为他这样做是毫无意义的。因为一个连自己最宝贵的生命都可以放弃的人,在生活中又怎能有勇气去接受命运的挑战?那样,人活着做什么?

　　永远也不要说放弃,是一种坚定的信念和执着的追求,也是一种可贵的自信。掌声、荣誉和鲜花只是过眼云烟。但是,那种信念、追求和自信却能伴我们终生。

　　永远也不要说放弃,是一种拥有,也是一种勇气。拥有了这种勇气,任何困难都不可能阻挡我们。凭着这种勇气,我们去开拓自己的人生之路,去描绘祖国明天的蓝图。

永远也不要说放弃,是做人的一个准则。一个人不可能事事遂心如愿。但只要尽了最大努力,珍惜了机会,也是问心无愧的。岂能尽如人意,但求无愧我心。只有这样,我们才不会想到放弃。

永远也不要说放弃,是一种幸福,也是一种自豪。一个健康正常的人可以幸福地说:"我拥有快乐和健康。"一个残疾人可以自豪地说:"我的心脏没有放弃跳动,我就不会放弃生活!"就是在一个人心脏停止跳动时,那些优秀的人,仍然可以说:"我没有放弃来到这个世界上有意义地生活的机会!"

永远不要说放弃,参赛是这样,做人是这样,一个国家不也是这样吗?中国既然选择了奋斗,选择了改革,就永远不要说放弃。奋斗是艰苦的,改革是艰辛的,但是只要中国永远不放弃,永远有这种追求、信念和自信,永远有这种勇气,永远有这种准则,那么,当我们的祖国真正强大起来的那一天,我们是会感到这种自豪和幸福的。

今后的路还长,今后的路怎样走,这要靠自己。但有一点,无论今后遇到什么事,我都不会说放弃!

今后的路还长,今后的路怎样走,这是要中国进行探索的。但有一点,无论今后国际风云如何变幻,中国都将坚定不移地走社会主义道路,中国永远不会说放弃!

【简 评】

文章开头由进赛场前同学的议论引出话题,信手拈来,巧妙而又自然,文章从个人写到国家,由参赛想到改革,从现在展望未来,思路清晰,层次井然,结构比较严谨,举例典型、语言简练,有说服力、感染力。

放弃的美 / ··· 李 晶

　　以前曾听说过这么一个故事,讲的是兄弟俩去山上捡五彩石子,哥哥拾得很少,看到好的就会把筐内不好的扔掉,而弟弟不舍得,保留了所有的。于是下山时,哥哥很轻松地哼着曲子,而弟弟则累得满头大汗,终于还是恋恋不舍地扔了许多,只是有些难过地说:"早知道这样,就不捡那么多了。"哥哥却说:"其实应该觉得高兴才是,你摆脱了累赘。剩下的总比扔掉的好!"弟弟似懂非懂地点了点头。一直到很多年以后,弟弟长大了,也明白了——其实,有时"放弃"也是一种美。

　　或许你会有所迷惑,因为在我们的思维内,"放弃"一直都是贬义的,是没有毅力的表现。但仅仅如此吗?也许,应该试着换一个角度去看待。试想:

　　对于恋人来说,有时候,"放弃"是一种成全,是一种给予,给予彼此的自由,可以微笑着以坦诚相对。

　　对于朋友来说,"放弃"往往是一种宽恕,不是说朋友就一定要忠于自己的。即使她曾做过伤害你的事,尝试去忽略,这份友情才可以得到持久。

　　对于子女来说,"放弃"应该是一种教育。让他们变得独立自由,才能培养自立能力。而孩子们的理想、事业,应该让他自己去实现,自己去掌握人生的航向。

　　"放弃"也许会造成一时的误解,带来阴影,但总有一天,我们会以理解的目光化解一切。

　　人的一生有太多太多美好的事或物或人值得我们去追求,但是没有人可以全部拥有,因为那会很累很累。我们能做的,是挑出那最美妙的一部分,细心地保存起来,呵护着;就像放入一个仅有的盒子,增添一些,也要懂得舍去一些,只有这样,才不会执着地背着愈来愈多的负担。所以,学会放弃,才能享受更多快乐,沐浴到美好的阳光。

走过心灵的脚步没有声音

本文叙述生活本身应是丰富多彩的。"坚持"是一种美丽，"放弃"又何尝不是一种智慧，它同样需要过人之胆量，锐利之眼光和果断之行动。世事如海，我们不可能样样得到，也不必事事坚持。守护一种平和的心态，放弃所应放弃的，正如坚持所应坚持的，人生才会多姿、美丽，生活才会摇曳多彩。

文章结构完整匀称，语言流畅，给读者留下思考的空间。